愛子さんの子育てお悩み相談室

自分らしい子育てのすすめ

「りんごの木」代表
柴田愛子

小学館

はじめに
子どもの心に添うことで見えてきた親の悩み

仲間と「りんごの木」を創設して今年で42年、「子どもクラブ」として保育も続けてきました。なんと保育者になって半世紀以上が経ちました。

高校生の頃から子どもに関わる仕事をしたいと願ってきました。母が若い頃幼稚園の先生だったこと、そして、姉に子どもが生まれて、その成長ぶりがとても面白いと感じていたことが憧れの根っこにあったように思います。

念願叶って保育者になり幼稚園に勤務しました。最初の頃は、それ

は張り切りました。子どもを幸せにするための幼児教育を追究すべく、多いときは12もの研究会に属して勉強していました。ところが、研究会の数だけ考え方があり、「正しい幼児教育」というのものがなんだかわからなくなってしまったのです。
苦しくなって最初の園を5年で辞め、一時は保育を離れていました。でも、やはり子どものことが忘れられず、別の幼稚園に5年勤めた後に「りんごの木」を創設して保育現場を持ちました。

試行錯誤を繰り返した末に、子どもにとってどういう育児、教育が良いのかにとらわれていたけれど、肝心の子ども自身がどんなふうに感じ、どんなふうに考え、どんなふうに成長していくのかに目を向けていなかったのではないか、と気がついたのです。そこで「子どものことは、子どもに聞く」という原点に戻ってみることにしました。子ども一般ではなく「出会った子ども一人ひとりをよく見てみよう」ということです。

とにかく子どもが感じていることを、良いとか悪いとか判断するのではなく、「その子の心に添う」ことにしました。そうしていくうちに子どもの気持ちが少しずつつかめるようになったと思います。

そして、子どもだけではなく、親に対しても添う姿勢ができてきたように思います。幼稚園の先生時代は、親に対しても「親はこうあるべき、子どもに対してこうであってほしい」という要求ばかりしていたような気がしますが、親の気持ちに添ってみると、親の抱えている問題やそうせざるを得ない状況が見えてきました。

親も子も十人十色ということが、実感できるようになってきたのです。子どもが自ら育つ力を持っているのと同じように、親も子育てを通して育っていることを確信しています。親は子どもを愛しているからこそ、良い親であろうとして頑張っているからこそ、シンプルに子育てを楽しめないことも理解できてきたつもりです。

この本は、親向けの講演会や、「りんごの木」のホームページに寄せられた、様々な子育てのお悩みに答えています。子ども達には、「生まれてきてよかった」「うちの子どもでよかった」と思ってほしいのです。そのためには、子どもを育てる保護者にも「産んでよかった」「子育てって面白い」という思いを持ってほしい。寄せられたお悩みへの私なりの答えが、みなさんの「私らしい子育て」をするためのヒントになってくれたらうれしいことです。

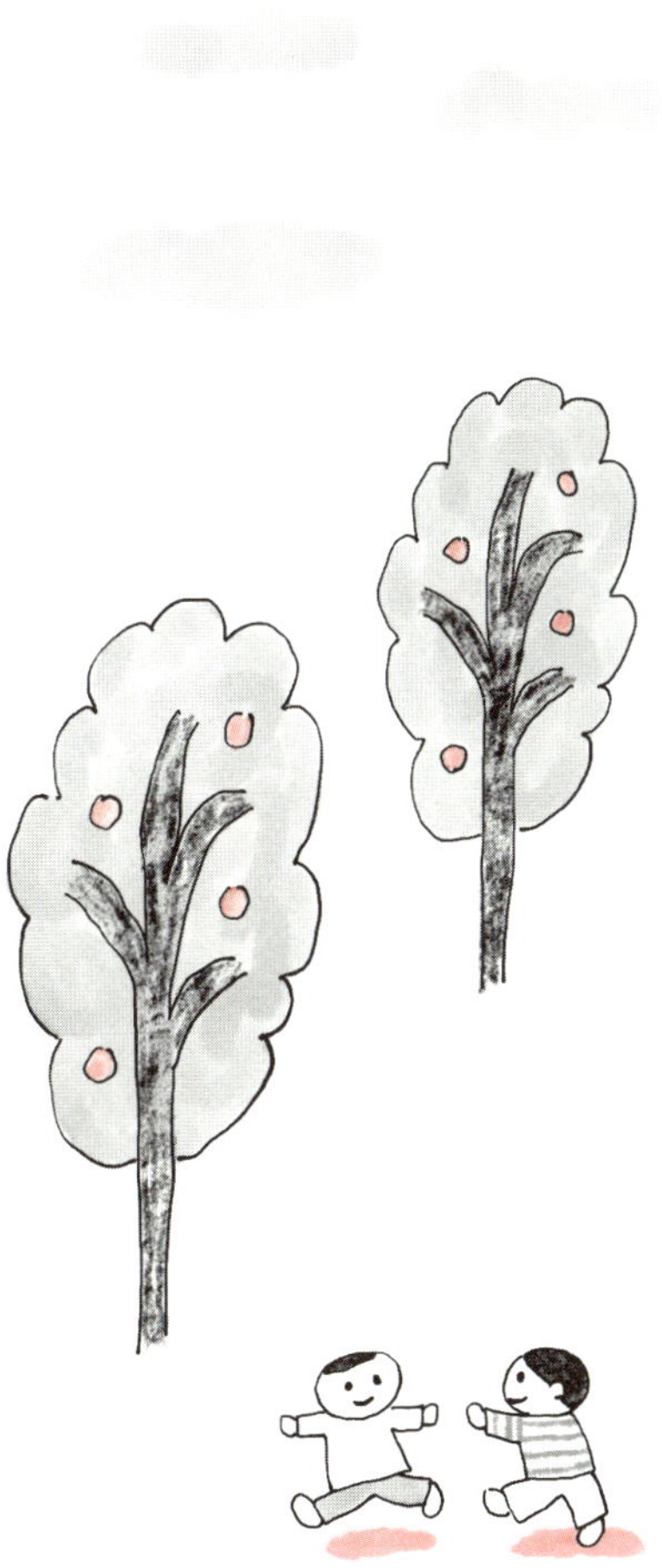

Contents

PART2 園のお悩み

PART3 母親自身のお悩み

PART1

子どもの性格のお悩み

お悩み1

消極的でママべったりの4歳の息子。小学校に入っても、友達とうまく遊べなかったらどうしよう

4歳の息子は、赤ちゃんの頃からおとなしくて内向的。外遊びも得意ではありません。公園でお友達と遊ぶように言っても、すぐ私の元に来て、離れません。夫も私も小さい頃からずっと活発なタイプだったので、我が子のおとなしさが物足りなくて仕方ありません。「うちの子はやんちゃで」と言ってみたかった、なんて思ってしまいます。これから小学校に向けて、もっと活発に遊んでほしいのですが。

心配するよりも、まず子どものありのままを受け入れて。人は花開く時期もまちまちです

『大器晩成』という言葉、ご存じですよね？ 大きな器ほどでき上がるのに時間がかかるもの。人は花開く時期もまちまちです。

ママ自身に質問です。あなたが今の自分になったのはいつでしょう？ 自分を振り返ってみましょう。人見知りすることなく、周囲の人に挨拶できるようになったのは何歳ぐらいか覚えていますか？ 親に聞いてみてください。案外ゆっくりだったかもしれませんよ。

「子どもにこうなってほしい」「こんな子になってほしい」という願いは、本当はママ自身の自分への願いではないでしょうか。やきもきしても子どもは変わりません。

子どもではなくて「私」が今、輝いているかどうか。自分の人生をママ自身が、まずは磨きましょう。

親のあなたにできることは子どもを心配することより、今の状況を受け入れること。先を追いかけると、今を否定することになってしまいます。まずは、現状の我が子をよしと認めてください。

幼児のママほど親が力を入れて育てようとする傾向があるのだけど、外で遊べない子だから一生外で遊ばない子になるわけじゃないですから。

おとなしすぎて物足りないというのも、一生そのままとは限りません。だって、まだ4歳ですから。今、満開に花開く必要はないはずで、成人した後でも十分じゃないですか？　熟成するのが、中年以降という人だっているわけですから。

私事ですが、去年、中学校の同窓会に参加したんです。そこで55年ぶりに再会した同級生達は、ずい分と変わっていました。

給食の牛乳が飲みほせないほど、食が細くて影が薄かった男子が、今や何人もの従業員を抱える社長さんになっていたりね。早咲きのスポーツマンタイプで、目立っていた男子はちょっとしょぼくれちゃってました。孫が○人いますって人もいれば、3度目の結婚をしましたって人もいれば、これから初婚ですって人もいました。人生半世紀経つと、こうも変わるのね。

お悩み2

人見知りが激しく、親以外の誰にもなつかない2歳の娘。このままで大丈夫でしょうか？

2歳の娘はコロナ禍になってから生まれたことで、なるべく人に会わないように暮らしてきました。夫のリモートワークが続いていることで、子育てで助かっている面もあるのですが、そのせいか人見知りがひどく、私達以外の誰にもなつきません。このままで大丈夫なのかとても不安です。

環境を選べないからこそ、その環境で生きていく力が育っていくのです

第一子は比較的静かな環境で育てられます。さらに、大人だけの環境にいることが多いですよね。だから物音にも敏感ですし、親以外の人に警戒心が強いでしょう。ところが、第二子以降に生まれた子どもは、家でも騒音の中で育ちます。寝ていたって、上を子どもが飛び越えたり、うっかりすると踏んづけられたりします。人手がないので、親以外の人に抱かれることも多々あり、あぶなっかしいきょうだいに抱かれたりもします。泣いたら、そこにいる隣のおばさんやジジババが抱き上げます。

きょうだい関係や暮らし方が小さい子には影響します。そして、それは宿命であり、一生ものということもあります。上に生まれたかった、下がよかった、と

言ったって、そうはいかないでしょう？

子どもは環境も家族構成も選べません。だからこそ、その環境の中で生きていく力が育っていくのです。賑やかな環境ならば、集中力が研ぎ澄まされます。人の出入りの多い家で育った子は、人付き合いがうまいかもしれません。ひとりっ子で静かだったからこそ、自分の好きなことを見つけやすかったり、じっくり工夫する力が育つかもしれません。

子どもは自ら生きていくたくましさを持っています。

だから、あまりピリピリとしなくても大丈夫。子どもにとってのベストを考えすぎて、親が住みにくい暮らしになることはありません。あなた方夫婦に子どもが生まれたのです。3人の住まいになったのです。お互いがちょっと気遣いをしながら新しい暮らし方を作っていけばいいのではないですか？

コロナ禍によって、暮らし方、働き方はずいぶん変化しました。みんな初めての時代を生きているのです。今までにない新しい暮らし方を受け入れざるを得ません。それによる弊害も、もちろんあるでしょう。けれど、心身が元気であれば、どんな状況になっても生き延びていけると思っています。先を心配しすぎないで、気持ちを大きく持ってください。

お悩み3

外に行くと抱っこばかりの1歳8か月の娘。周りはみんな遊んでいるのに…

なるべく外遊びをさせたいのですが、1歳8か月の娘は外に行くとずっと抱っこばかり。ほかの子はお母さんから離れて楽しそうに遊んでいるのに、娘は私から離れません。図書館などの屋内施設では、私から離れて自由に遊んでいます。「抱っこ〜」とせがまれたら、常に娘の気持ちに寄り添って抱っこしてあげたほうがいいのでしょうか。

抱っこをせがむときは、焦らないで！ 叱ったりすると悪循環に

子どもはとても慎重です。慣れない場所や初めて会う人に緊張したりしているのでしょう。慣れてくると、お母さんから離れて遊ぶようになりますが、今はお母さんに抱っこしてもらっているのが一番安心なのです。子どもは抱っこされながら、きちんと周りを見ています。友達の遊ぶ様子を見たりして刺激を受けています。自分から「大丈夫」と思えると、次第にお母さんから離れて遊び始めます。

抱っこをせがまれたら、叱《しか》ったり、無理強いしたりしてはいけません。お母さんが抱っこを拒否したりすると、ますます抱っこを求めて離れなくなります。娘さんは、まだ生まれてから2年も経っていません。「初めての世界だよね」という気持ちで、温かく見守ってあげてください。

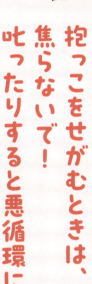

お悩み4

興味がないことはすぐに「できない！」と投げ出す息子に手を焼いています

自主保育に通っている5歳の息子。保育の内容は素晴らしく、子どもも楽しんでいます。しかし息子は内向的で、活発な男の子がたくさんいる幼稚園でもっと揉《も》まれたほうがよいのでは!? と悩んでいます。また集中力はすごくあるのですが、周りが見えず人の話を聞けません。興味がないことは「できない！」とすぐに投げ出します。どのように対応したらいいでしょうか。

お子さんの行動は、ごく自然です。我が子の成長を信じて見守って

内向的で、集中力はすごくある。でも周りが見えなくて、人の話を聞けない、興味のないことはすぐに投げ出す――とのことですが、息子さんの行動は一貫していますよね！　自分の興味のあることに集中すれば、他人の話に耳を貸さなくなるのは当然です。興味がないのに無理にやらされることは、すぐに嫌になってしまうのも自然な姿です。

逆に考えてみましょう。外交的で周りがよく見えて、人の話をよく聞いて、ほどほどの集中力で、一応どんなことにも興味を示すけれど、〝コレ！〟というものがない場合、親は「何か好きなことを一つでも見つけて取り組んでほしい」「自我が弱い気がする」と心配します。

結局、子どもは親が望むようにはいきません！　親が望む子ども像を口が酸っぱくなるほど言い続けても、子どもの行動や性格は変わりません。「こういう子なのね。仕方ない」と思いながらも、我が子の成長を信じてください。幼稚園に転園する必要もありませんよ！

無いものねだりはやめましょう。今持っている我が子のいいところに目を向けてください。子どもは発達途上です。今が永遠ではありません。

column

どうぞ自分らしい子育てを

子どもは年齢と共にどんどん変化して成長していきます。今のままで大人になるわけじゃないから、どんなふうになるのか心配でもあるし、それが楽しみでもありますよね。子どもが育っていく中で親ができることってなんでしょう。

ヒマワリの種からはユリの花は咲かない。どんなにユリの花が好きでも、ヒマワリの種を植えたら、やっぱりヒマワリしか咲かないんです。それなら、すくすくと真っ直ぐに太い幹を伸ばして、おひさまに向かって元気に咲く、いきいきとしたヒマワリがいいですよね。

つまり、うちの子はうちの子らしく、私は私らしい子育てをすればいいのです。色々な欠点やしょうもないところを持っている親が育てることで、子どもはこの親を乗り越えていくのです。反面教師になることもあるだろうし、親を見習って育つこともあるかもしれない。親自身が栄養になっていくということですよね。今、子どもを育てていて一番参考になっていることって、結局、自分がどう育てられてきたか、ではないですか？

では、どうしたらいいのでしょう。親の栄養が子どもに吸収されていくには、基本的な愛情関係、信頼関係がなんとしても必要です。子どもに対する愛情と、子どもに添う気持ちさえあれば、子どもは安心して親の栄養を吸収して、本来持っているその子らしさが育っていくのだと思います。

あとは様々な人と交わることで影響を受けながら、色々なことを考えて子ども自身が自分を育てていくのです。結局、子育ての親の役割とは、子どもが伸びようとしている力を援助していくことなのです。

お悩み5

かんしゃくを起こすと叩く2歳の息子。乱暴な子にならないか不安です

最近、気に入らないことがあり、かんしゃくを起こすと私のことを叩く2歳の長男。「ダメ！」と言って止めると、さらに叩いてきます。私としては、親に手を上げるなんて許せないのですが…。厳しく言い聞かせるだけでなく、ときには泣きマネをしたり、優しく言い聞かせたり、にらみつけたり、叩き返したりもしたのですが効果なし！　乱暴な子になりそうで不安です。

叩くのは、自分の気持ちを伝える手段。自我が芽生えてきた証《あかし》です

2歳になると、自我が芽生えてイヤイヤが本格的になります。かんしゃくを起こしたりするのは、自分の気持ちをまだ言葉で伝えることができないから。そのため親を叩いたりして、自分の気持ちを伝えようとするのです。「ぼくのきもちわかってよー」なんです。決して乱暴なわけではありません。

もし子どもが怒って叩いてきたら、なぜ叩いてきたのかを考えましょう。子どもの様子を見ていると、その理由がわかると思います。「嫌だったね」「もっと遊びたかったね」など、気持ちを受け止めてもらうと感情が少し落ち着きます。それから「でも、ママ痛いな」とお母さんの気持ちを伝えるといいでしょう。4歳になるぐらいまでは、ますます自我が強くなって扱いにくくなりますが、自我の芽生えは成長の証。自我が芽生えなかったら、逆に心配ですよ。

お悩み6

2歳の娘の「イヤイヤ攻撃」にほとほと参ってます！

うちの2歳の娘は、眠たいときなど手がつけられなくなります。「抱っこ？」と聞くと、首を横に振って「イヤ！」と言うのですが、数分後には泣きながら「抱っこ～」と言ってきます。でも抱っこすると、すぐに「イヤだ！」と言うので降ろすと、また「抱っこ～」と泣き出します。こうしたやりとりが毎日1～2時間も繰り返され、ひどいときはずっと泣いています。

私も最初は優しく接していましたが、最近はぐずぐずされると本当にイライラして、ついおしりを叩いてしまうこともあります。正直、子どもが何を求めているのか、何をしてほしいのかまったくわかりません。

自分の気持ちを言葉で伝えられるようになれば落ち着きます。上手に息抜きタイムを作って乗り切りましょう

本当に嫌ですね。子どもの気持ちがわからなくて手がつけられない。特に眠たいときは最悪です。

しかし、子どもも睡眠に入るときは、もう、どうしていいかわからないのです。眠たいけど、寝たくない。子どもで喜んで寝る子は滅多にいません。睡眠に入るとき、真っ暗な中に吸い込まれていく恐怖感があるのではないかと私は思っています。だから、ストンと落ちるまでもがきます。子ども自身もどうしていいかわからないのです。大人になると寝るのが大好きになるのにね。

それでなくても2歳になると、自我が芽生えてイヤイヤ期が本格的になります。お母さんと自分は別人格だと気づき、「自分を尊重してほしい、命令や指示はイヤです」という意思が出てきます。自我が出てきて親から一歩前に出たかと思えば、二歩下がって甘えてくる。こうして甘えながら自立していくのです。

手がつけられなくなったら、無理に泣き止ませようと思わずに、放っておくのも一つです。

気持ちがイライラしたり、不安になったりして、子ども自身もそれがどうしてなのか!? どうしたらいいのか!? わからないのです。親がわかるはずもありません。わかろうと思わないでいいです。子どもは理由より気持ちをわかってほしいのです。スキンシップをとりながら「イヤなんだよね。どうしていいかわからないよね」と子どもの気持ちを言葉にしてみましょう。子どもは「私の気持ちをわかってくれた」と思えると、落ち着いたりします。

眠くなるとぐずりやすいなどは、昼間、たっぷり外遊びをして、体を疲れさせて寝落ちしやすくしてあげましょう。お守り代わりになる人形やタオルなどを握らせるのもいいかもしれません。

泣き続けられるとお母さんもイライラするでしょうが、叩いても直りません。4歳ぐらいになれば、自分の気持ちが把握できるし、言葉で表現できるようになるので、ぐずぐずは減ります。子どもが育っていくのを待つよりないのです。一時預かりなども利用しながら、息抜きしてください。

お悩み7

かみついたり、ひっかいたりが多い2歳5か月の息子。周囲の目がキツく感じられて…

2歳5か月の息子は元気が良くて、人見知りもせず公園でよく走り回っています。ただ、かみつく、ひっかく、つねるのが悩みです。理由は、おもちゃを取られたり、自分の座りたい場所にほかの子がいて座れなかったりなどです。成長の一環なのでしょうが、周りの目もキツく感じられ、私はいつも平謝りです。まだ自己中心的な年齢だと思うのですが、かみつきなどをやめさせるにはどうしたらいいですか？

4歳になれば落ち着くはず。肩身が狭いならば、避ける工夫を

2歳5か月は自己主張の強さの真っただ中です。この時期の「かむ、ひっかく」はよくあることです。頻繁になると、自分の育て方が悪いから？　と悩むお母さんもいますが、親の愛情不足やしつけが悪いからでもありません。自我が早く出る子、遅く出る子、持っている自我が強い子、弱い子、と個人差があるから困るんですよね。息子さんは、いたって健康に育っています。自我は強く好奇心も旺盛だけれども、表現のすべてが行動に出てしまうのでしょう。

言葉が未発達なうちは、言い聞かせても理解できませんし、かみつきなどをやめさせる画期的な方法はありません。ただ「おもちゃ使いたかったんだね」「ここに座りたかったんだね」とお子さんの気持ちをあなたが言ってあげると、わか

ってくれたと思い、イライラもおさまりやすくなります。

人間、自分の気持ちをわかってくれる人がいると落ち着くものです。4歳頃になると、言葉で表現できるようになりますから、なるべくトラブルを避けながら子どもの成長を待つしかないのです。

余程、肩身が狭い思いをしているならば、トラブルになりそうな時間帯を避けて公園に行ったり、違う公園に行ったり工夫してみてください。地域の保育園の公開日に遊びに行くのも気分が変わっていいですよ。同じようなお子さんがいない方には、この苦労がわかりにくいです。とりあえず何かあったら、謝っておきましょう。

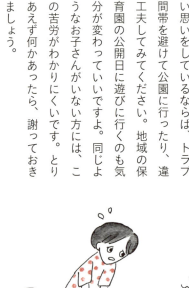

column

「イヤイヤ期」をどう乗り越える？

「魔の２歳児」などとも言われる「イヤイヤ期」。でも、人として育っていくには大事な自我の目覚めの時期です。ママともパパとも違う自分を認識し始めたのですから、喜んでしかるべき。「自分が大事」「自分が好き」という、これから先の人生を支える根っこを大きく張っている時期とも言えるでしょう。子どもの育ちは変わらないので、昔からあった現象なのです。１歳後半で始まる子もいますが、２歳半以降３歳ぐらいで、自分と親とは違う人間だと認識しての「イヤ」が本格的な時期に入るように思います。

自分に気づいた子どもは命令を嫌い、指示を嫌い、自分が尊重されることに必死です。

「〇〇しなさい」などの命令や指示は、子どもの「イヤ」を誘発してしまいます。決められる、命令されるは自分の意思を無視されたことになりますからね。たとえば、「この服を着ていこうね」と言えば「イヤ」と返ってきますが、「どっちにする？」と聞くと、選ぶ意思は尊重されているので「こっち」と言うでしょう。過敏に反応する時期には「尊重してます」という姿勢が大事です。

親として肝に銘じることは「子どもは思うようにはいかない」ということです。子どもは今を懸命に生き、その時々に失敗から学び、親に泣きついたり離れたりしながら育っていくのです。親と子のいい距離感をつかむということが大事なのかもしれません。「イヤ」ということは必要以上に強要しない。まあ、いいかと思うことはあきらめる。そうしながら観察してみるくらいの余裕があるといいですね。せめてストレスを発散する手段をもって、やりくりしていくよりないのでしょう。

お悩み8

1時間も泣き続ける1歳11か月の娘。育児に疲れ果てています

1歳11か月の娘はとにかくパワフルで声が大きく、力が強くて大柄です。食欲も旺盛すぎるので、私はあまり食べさせたくないのですが、「もっと!」「もっと!」と要求はエンドレス。今日は「りんごジュース飲む!」と言い続けて、延々とごね続けました。

体重が11kgもあり、泣かれたとき抱っこするのも大変なので放っておいたら、1時間も大きな声で泣き続けたこともあります。以前、同じ歳の女の子4人で遊んだとき「ここで、おもちゃで遊んでいてね」と言ったら、みんなはちゃんと言

うことを聞くのに、うちの子だけほかの場所に行ってしまい「なんで、こんなに違うんだろう…」と落ち込んだこともあります。

イヤイヤ期が始まり、なんでも「自分で！」と言って拒むことも多くなり、思い通りにならないと大号泣。そんな毎日に疲れてしまいました。

パワフルで自我が強い子は、将来自立が早く、自分で道を切り拓きますよ

パワフルなお子さんですね！　これはお母さんが悩んでも、どうすることもできません。

2歳前とは思えない自我の強さと自己主張、1時間も泣き続ける根性、自由な発想、親の愛情をまったく疑っていない様子、どれをとっても客観的に見て素晴らしい子です。こういう子は将来自立が早く、自分で自分の道を切り拓いていきます。たくましい子です。

今はイヤイヤ期もあって本当に大変でしょうが、4〜5歳までの辛抱です。4

～5歳ぐらいになると自分の気持ちをコントロールできるようになり、状況に応じてガマンできるようになります。

今は、2～3歳でも、親の言うことをよく聞く子が多くなりましたが、それで人の気持ちがわかるいい人に育つというわけではありません。今は自我が強い状態なのでしょう。自我はないよりあったほうがいいのです。

娘さんのようにパワフルなタイプは、どのような状況でも自我が花開きます。これは子どもが健やかに育つうえでとても大切なことです。

お悩み9

想像力がたくましい4歳の息子。うそつきにならないか心配です

４歳の息子の言動が気になっています。「今日、給食でお寿司が出ておいしかったんだ」「遠足ですごく遠い海に行ったんだよ」など、あり得ないことをうれしそうに話してきます。単に想像力がたくましいのでしょうか？　あまりに現実とかけ離れたことを話すことが多いので「うそ」を平気でつく子になるのでは、と親として不安に駆られてしまいます。

大人の価値観で「うそ」と決めつけないで。家族で一緒に想像の世界を楽しんで！

「うちにはさっちゃんがいるの」と言う3歳の子がいました。本当はいないんですけれど、その子には見えているようです。3歳ぐらいまでの子には、イメージの世界で生きていることはよくあります。木も、石も、人形も何もかもが自分と同じ命を持っているように思える時期です。

少しずつそんな世界から人間界に引きずりこまれてきますが、4歳はまだイメージの豊かさを持っています。それを言葉で表現できてしまうので、大人の価値観で「うそ」と言ってしまいがちです。でもそれは残念なこと。うそか本当かではなくイメージの世界の話。息子さんの場合は、自分の望みかもしれませんね。お寿司が出たらいいな、海に行きたいなっていう気持ちが想像の世界に導いているのでしょう。

本当は大人だってその話に乗れたら、イメージの世界を共有する楽しいコミュニケーションができます。「ママもお寿司のときは行きたいな。マグロがいいかな」「○○ちゃんは何を食べたの?」。こんなふうにお話の世界を広げていけるのです。

思い起こしてください、昔話って、あり得ないことばかりです。川に桃が流れてくるわけないし、割ったら桃太郎が生まれてくるわけはない。ありそうな真っ赤なうそが、

聞く者の心をくすぐり、伝承されてきたのです。そして、本来子どもはみんなそんな能力を持っています。

絵本や児童文学の世界、小説やアニメーションの世界もその延長線上にあるのではないでしょうか。

ところが現代の生活にはイメージでの遊び文化が少なくなりました。正しいか間違っているか、うそか本当かという表面上のことで断ってしまうからです。今や〝冒険〟という言葉は聞かれなくなってきました。先が見えず、想像してワクワクする世界に踏み出す力を、子ども達が持てなくなってしまった気がします。

こういうお子さんは魅力的です。家族でうそ話に花を咲かせて大笑いしませんか？　本や物語を通してもっと豊かな世界を楽しむのも素敵です。目に見えない自分の世界を描ける能力を大事にしてあげてください。

お悩み10

公園で私とだけ遊びたがる3歳の娘。ママ友にも悪くて…

3歳の娘は、私とだけ遊ぶのが好きです。公園で遊んでいて知らない子が入ってくると、娘の動きがピタリと止まり拒否オーラが全開になります。「イヤ〜！ひとりで遊ぶ」と大きな声を出して嫌がるときもあります。あからさまに拒否するので、相手のママと気まずくなるのですが、どうしたらいいですか？

集団生活が始まると、相手の気持ちがわかるようになります。今は、あるがままの子どもを受容して

そんなに気にすることではありませんよ。

3歳ぐらいになると外の世界に対して警戒心が強くなり、ママ（パパ）と自分との関係を一番に考えるようになります。この時期に〝自分がしたいこと〟を大事にしながら過ごすと、自己肯定感の根っこが育ちます。逆に幼いときから周囲に気遣いをする子は、自分の本当の気持ちに気づくのが遅れます。

お母さんの目の前で友達を拒絶したりすると対応に困るでしょうが、これから保育園や幼稚園、こども園に入園して集団生活が始まると、そうしたことは減っていきます。

4歳ぐらいになると、徐々に相手の気持ちもわかるようになっていきます。そ

して、言葉や態度によって相手が傷つくことも覚えていきます。人間関係が深まって豊かになるのは大体5歳からです。

今は、あるがままの子どもを受け入れることを大事にしてください。子どもが自ら育っていく力を信じて、我が子の成長を応援してあげてください。お母さんが相手に謝れば済むことならば、謝りながら成長を待ちましょう。

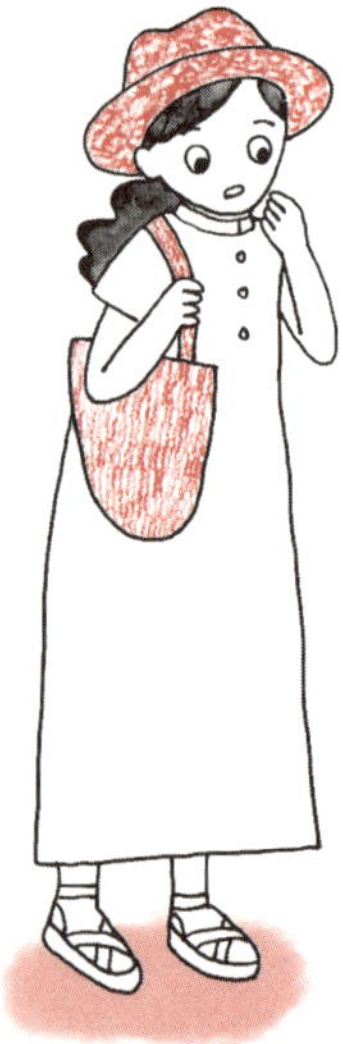

column
子ども達の新学期

新しく入園する子ども達はとても緊張します。小さな子ども達にとって身内と離れるというのはとんでもない出来事なのですから。

緊張とは、いつもよりはるかに頑張っているということです。日が経つにつれて緊張は続かなくなり、緩んでくると同時に疲れを自覚したりします。でも、子ども達はその自覚はなく、「疲れた」と言葉で表現することもできません。そこで、不機嫌だったり、わがままだったり、ぼーっとしていたり、テレビやビデオに夢中になり、呼びかけても答えが返ってこなかったりするでしょう。

お母さんは、「今日、どうだった？」「お友達、できた？」「何したの？」などの質問攻めはやめてくださいね。

親としたら、離れた子どもがどう過ごしていたのか気になるところでしょう。親も不安がいっぱいですからね。でも、聞かれて一日を報告するなんて子どもにとっては過酷です。それに、そこまで自分の行動を認識している子は少ないと思います。

子どもは「聞かないで！」と言い返すことなんてできません。せいぜい「忘れた」がいいところ。「なんにもしなかった」「ともだちはいない」「みんなともだちになった」などと、その場しのぎ的に返事をするでしょうけど、決して事実とは限りません。

新しいことにはだんだん慣れていく以外にないのです。行って、帰ってきて、よしです。子どもがどの程度疲れているのかは、日常の顔色や食欲に出ることが多いので見守ってください。

そうそう、「いってらっしゃい」「おかえり」は忘れずに言ってくださいね。「あなたの居場所はここですよ」と、言い続けることになるからです。

お悩み11

友達におもちゃを返せない3歳の娘。力ずくでの解決はダメですか？

娘は友達から借りたおもちゃを、「もう返しなさい」と言うと嫌がります。3歳という年齢では仕方ないとは思うのですが、説得し続けても嫌がるときは力ずくで奪って、私から友達に返すようにしています。しかし、ほかのママのやり方を見ていると時間をかけて説得して、子どもから返すのを待っている場合が多く、「私のやり方は間違っているのかな？」と悩みます。私としては、貸してくれた子のことを考えると〝待たせるのは悪い！〟と思ってしまうのですが…。私のやり方だと、娘の性格に影響が出たりしますか？

3歳では、まだ自分の物・友達の物なんて区別はつきません

3歳では〝これは○○ちゃんのおもちゃ。私のおもちゃじゃない〟なんて理解できません。「貸して」「返して」という言葉の意味もあまりわかっていません。お母さんが「○○ちゃんのでしょ。貸しては?」と言うから、マネして言うだけです。

おもちゃを返さないのは「自分が、今使いたい!」というシンプルな欲求だけ。わがままではありません。

もしおもちゃを返さなくて困ったときは、これまでのように力ずくで奪って返してもいいですよ。そうした関わり方を繰り返すうちに、これは友達の物なんだ、物には所有者がいるということが、次第にわかるようになります。

なかには根気よく説得して返すように促すお母さんもいますが、正直、3歳ではお母さんの言うことを理解して返しているわけではありません。お母さんがしつこく言うから、気持ちがさめて返しているだけです。なので、根気よく説得しても、力ずくで奪っても、「もっと遊びたかったのにー！」という子どもの気持ちは同じです。お母さんのやりやすいほうを選んでください。生まれてたった3年。言葉を話し始めて、まだ1〜2年です。おもちゃの貸し借りなんて、上手にできなくて当たり前です。

「りんごの木」でも、3歳のみどりちゃんのお母さんが、おもちゃの貸し借りに悩んでいました。

「うちの子は、お友達のおもちゃを取っちゃうんです。いつも『大丈夫だから』って言ってくれるお母さんがいるのですが、いくらそう言ってくれても、やはり嫌な思いをされているんじゃないでしょうか」と気にしていました。そこで、私は「心配しないで聞いてみたら？」と言って、相手のお母さんを呼び、「みどりちゃんのお母さんが気にしていたけど、おもちゃを取られると嫌な気分ですか？」と率直に聞きました。するとそのお母さんは、「いいえ、取る子もいるし、取られると悲しいという体験をしたっていいと思います」と言ってくれたのです。物を取ってしまう子も、返したくないというあなたのお子さんも自己主張がちゃんとできる元気な子です。そんな子に、人のおもちゃを取ったり、返さない子は悪い子だなんて言うのはやめてくださいね。それは「自分を捨てなさい」と言い聞かせるようなものです。

保育園や幼稚園に入れば、子どもがたくさんいますから、もっと強い子や物に執着する子がいるかもしれません。色々な子どもの中で学ぶことができます。5歳にもなれば、「欲しい」というだけの理由で人の物を取り上げたり、返さないという子どもはまずいません。だから、せいぜいあと1～2年の辛抱です。

お悩み12

友達から頭を蹴られても黙っている5歳の息子。いじめられるタイプなのか心配

5歳の息子は、嫌なことを嫌と言えないタイプです。今日、ジャングルジムで幼稚園の友達と遊んでいたら、上からふざけて頭を足で蹴られていました。でも息子は黙っています。息子は私が口出しするのを嫌がるので、家に帰ってから「頭を蹴られて嫌じゃないの?」と聞いたら「イヤじゃない」と言うのです。「頭を蹴るのはダメだよ。自分で〝やめて〟と伝えないと、友達もわからないよ」と言い聞かせましたが、息子は「やめて」と言うより、黙っているほうがラクと思っているようです。悔しいのは親だけで、息子は本当に悔しくないのでしょうか?

息子を見ていると、いじめられるタイプでないかと心配です。

子どもと大人では感じ方が違います。子どもは侮辱されたとは思っていません

まず、「息子は、嫌なことを嫌と言えないタイプです」と、決めつけているところが気になります。あなたが嫌と思ったことを、息子さんが嫌と言わなかったということなのかもしれません。

ジャングルジムで、上からふざけて頭を足で蹴られる光景は目に浮かぶようです。大人は足で頭を蹴られたら、侮辱されたと感じて怒るのが当たり前です。でも息子さんは、単に頭をふざけて押されたぐらいにしか思っていないかもしれません。客観的に見えている親のほうは頭にきてしまうでしょうけれど、子どもは頭の上にトンと何かが当たったとだけ感じていたかもしれません。本当に嫌なことだったけれど、嫌と言えないのか、あまり嫌ではなかったのかはわかりません。

以前、「りんごの木」でも友達のリュックにおしっこをかけた子がいました。私は、理由はなんであれ、人を侮辱する行為が許せなくて、とっさに怒りました。しかし叱られた子はポカンとしています。それから10年後——。おしっこをかけた子と話していたら「あのときはケンカで負けそうになったから、悔しくてリュックにおしっこをかけたんだ」と言われました。侮辱する気なんて、さらさらないのです。でも大人から見ると、許せないことは確かです。

お母さんは「自分で〝やめて〟と伝えないと、友達もわからないよ」と言い聞かせたとあります。状況を説明し、嫌なことは嫌と言えというのは、あなたの気持ちを押しつけているだけなのではないでしょうか？　嫌なときに嫌と言えるようになるのには、自分の気持ちをストレートに出したときに受け止めてくれる日々があるからです。これが自己肯定感です。

子どもの表情を見て、嫌なのに嫌と言えないんだなと思ったら「嫌だったけど、言えないよね」と、声をかけてあげましょう。お母さんは自分の気持ちをわかってくれていると安心するでしょう。

幼稚園での様子なども聞きながら、少し距離を取って見守り、我が子の自ら育つ力を信じましょう。ときには目をそらすことも大事です。

お悩み13

黙って人の物を園から持って帰ってくる5歳の娘。ダメだと諭しても平気でうそをつく娘の心がわかりません

5歳の娘が、先日保育園からキラキラシールが貼ってあるメモやシールを持って帰ってきました。娘にどうしたのか聞いたら、最初はわからないと言っていたのですが、ポツポツと、あるお友達からもらったと言いました。

私は「お友達の大事な物だから、あげるって言われても、『ありがとう。でももらえないよ』と言って受け取らないでね」と話しました。娘もそうすると約束

してくれましたが、置いておいたシールを、私の目を盗んで使ってしまっていました。強く怒ったのですが、まったくいけないこととは思っていないようです。担任の先生に聞くと、園でも廃材を持っていこうとしたり、誰かが書いている物や作った物を羨ましがり、欲しそうにする姿があるそうです。ただ特別な物ではなく、みんなが使える物を欲しがるとのことでした。

悪いことをしているのをわかっているようで、大人の視線を確認しているとのことです。グッと堪《こら》えることができず、何度も同じようなことを繰り返してしまう娘の心がわかりません。

娘さんはバレて叱られて
ホッとしているはず。そのたびに
根気よく叱って。育て方を振り返って
悔やむのはやめましょう

やってはいけないと、何度言ってもわからない。どうして？　と悩んでいくと、自分の育て方や接し方がいけなかったのではと自己嫌悪。しかし、こういうことってよく起こります。

物欲が強くなるのです。それぞれに所有者があることを頭ではわかっているけど、感情のブレーキがきかない。欲しい気持ちが優先してしまう。これがスーパーのお菓子なんていうことも多々あります。ちょっと後ろめたさもあるから周囲の気配を見ます。けれど、未熟なのでバレてしまいます。でも、このまま盗癖を持ったり、物欲にブレーキがかからないで育つことはまずありません。

お母さんのお財布からお金を取り続けた子がいます。一回や二回ではおさまりません。でも、いつのまにか鎮まっていきます。その子は今はちゃんとした高校生です。成長するにつれ、物とお金の関係、物と人の気持ちの関係に気づいていきます。感情にブレーキをかけられるようになっていきます。

ブレーキをかけられるようになるのは5歳ぐらいからと言われています。まだまだブレーキのききが悪い娘さんには、そのたびに叱る以外にないと思います。バレて叱られてホッとする。これの繰り返しです。バレると子どもはホッとするんですよ。悪いことだと感じてはいますからね。だから、うそをつくんです。

親子関係や育て方を振り返るのはやめましょう。あなただって必死にやってきているんですから。

深く悩まず、発覚したら叱る！　と、シンプルにどうぞ。

お悩み14

好き嫌いが多すぎる娘。どうしたら偏食を減らせるのでしょうか？

5歳の娘は好き嫌いが多く、何を作ってもあまり食べません。体重も平均以下です。園の給食も「イヤで吐きそうになった」とか言います。食べられるものはカレーライス、ハンバーグ、ポテトサラダぐらいです。煮物や魚、混ぜご飯などは絶対食べません。「これいらない！　あれもいらない！」とばかり言う娘にキレてしまい、「食べたくなければ、食べなくていい！」と怒ったこともあります。どうしたら少しでも好き嫌いが減りますか？

子どもは大人よりも感覚が敏感！ とりあえず元気なら見守りましょう

好き嫌いが多いと親としては心配ですが、子どもは大人よりも食感、臭覚、味覚が敏感です。そのため好き嫌いが多くなりがちです。いくら好き嫌いが多くても、元気で顔色がよければ大丈夫！　たぶん、食も細い子なのでしょう。実は私も小さい頃は食が細くて、健康診断のたびに「栄養要注意」と言われていました。そのたびに母は「元気だから大丈夫です！」と言っていました。

「りんごの木」でも、野菜嫌いの子がいっぱいいます。また、ご飯や豆腐、牛乳など白いものしか食べられない子もいました。しかし、みんな心身ともに健やかに育っていますし、今、嫌いなものが、ずっとこの先も嫌いなわけではありません。あなたも子どもの頃嫌いだったものが大丈夫になっていませんか？

とりあえず元気ならば「食べたくないなら、食べないでもいい」と割り切って考えてもいいと思います。無理強いしてまで食べさせては、食事時間そのものが恐怖になりかねません。みんながおいしそうに食べているのを見ると「私も、少し食べてみようかな」と思うかもしれません。そのためにはみんなを見る心の余裕が必要です。

いずれにしても「また残したの！」などお母さんが怒ってばかりいて、食事の時間が子どもにとってつらく、苦しいものにならないようにしてください。

私も子どもの頃は、小学校の給食で「食べなさい！」と先生に言われると、ますます食べられなくなり、涙が出るくらいつらい思いをしました。でも、家ではおかずは一緒盛りで、欲しい人が欲しいだけ取るやり方だったので気持ちがすごく楽でした。ちなみに今は食べることが大好きです！

column

「食」の悩みは、おおらかな気持ちで

「食が細い」「好き嫌いが多い」は、よく聞く子育ての悩みです。同い年の子がなんでもよく食べるのに、我が子が極端に食べなければ心配になるのは当たり前ですが、「食の細さ」は、そんなに深刻に考える問題ではありません。性格に個性があるように体にも個性があるのだと思います。食が細いというのは、その子の体が要求している量が少ないというだけなのです。人間には、命をつなぐために食べる本能があります。その子が本能的に求める量が、生き抜くために必要な量なのです。少なくとも、食の細い子の口に無理に押し込んでまで食べさせることはない、と私は考えています。

「好き嫌い」についても、私は「なんだか、イヤ」という子どもの気持ちもわかります。「なんだかわからないものは食べたくない」と警戒するのは、子どもの本能ですし、その子の感性でもあるのです。私は子どもの頃、ご飯に何かかかっている料理がまるでダメでした。カレーも、ご飯とルーが別々じゃないと気持ちが悪かったのです。ですから、給食でカレーのときはつらかったことをよく覚えています。でも、大きくなるにつれて、ご飯にルーがかかって出てくるカレーも食べられるようになってきました。経験を通して変わっていったのです。

子どもはすごく保守的です。なんでもかんでも「これはなあに？」と興味を持って食べてみる子は、そんなに多くありません。ちょっと眺めて、匂いをかいでみて、と慎重派が大多数です。いつも同じものしか食べない子に、「なんでもバランスよく」と考えて苦しくなるより、「大きくなってるならよし！」くらいに思って食事の時間を楽しいものにしてほしいですね。

お悩み15

わがままでかんしゃく持ちの小2の娘。私の育て方が原因？

小学2年生の娘は小さいときから癇《かん》が強く、自己主張が激しいタイプです。今は、ひどく泣き叫ぶことは減りましたが、自分の思い通りにならないとわめいたり、トイレに鍵をかけて閉じこもったりします。先日も娘が「運動会が終わったら、回転寿司が食べたい！」と言うのでお店を予約しました。しかし当日、気が変わったらしく「別のレストランに行きたい！」と言うので、回転寿司の予約をキャンセルしました。

夕方レストランに行って、メニューを見ていると娘が「メニューが変わっている！」と怒り出しました。どうやら娘は、食べたいものが決まっていたらしいのですが、メニューが変わったようで…。ほかのメニューやデザートを勧めても聞く耳持たず、「やっぱりお寿司にする」と言ったり、「何も食べない！ このお店を壊したい！」とまで言い出しました。いつもだと怒るのですが、この日は運動会を頑張ったごほうびで来ていたので「食べたくないなら、食べなくていいよ」と伝えました。すると、しばらくして甘え始め、娘が「ママ～」と膝に乗ってきて機嫌を直しました。

娘が、こんなに怒りっぽく、わがままなのは育て方の問題ですか？ 私は厳しく怒ることもありますが、夫は基本的に子どもたちに甘く、滅多に怒りません。

癇《かん》の強いのは気質。育て方の問題ではありません

運動会の後で、娘さんは疲れていたのではないですか？　小学生になっても、疲れているときは幼児のだだっ子と同じで、お母さんが何を言ってもダメで、ぐずぐずばかり。特に癇の強い子は、運動会などのイベントでは緊張しやすくて、頑張りすぎる傾向があります。そのため、人一倍疲れやすいです。家に帰ってくると、そうした反動から爆発する子は少なくありません。運動会で、たくさんの保護者が見に来て、自分の出番があって…、かなりしんどかったのでしょう。

こういうタイプの子は、イベント後の外食はやめたほうがいいです。いつも通り、家で夕食をとったほうが、子どももリラックスできて気持ちが安定します。いくら、事前に食べたいと言っていても、その日、そのときになってみないとわ

からないのが気性の激しい子の気持ちの動きです。

また、怒りのスイッチが入ってしまうと、何を言ってもダメなので、お母さんは怒りの渦に巻き込まれないようにすることが大切。暴言を吐かれたりすると、叱りたくなるでしょうが見守ってください。

子どもが怒っているときは、自分で自分をどうしていいかわからない状態です。そんなときに叱ると、火に油を注ぐだけです。手をつけられないときは、手をつけずに放っておくか眺めているしかありません。

「〝ママ～〟と膝に乗ってきて甘え始め、機嫌を直しました」とありますが、お母さんに甘えたことでやっと気持ちが落ち着いたのでしょう。大泣きして気持ちを切り替えたりする場合もありますが、20～30分ぐらいで気持ちは切り替わります。そのときを待ってください。癇が強いのは気質で、育て方の問題ではありません。癇が強い子は感性が豊かで、成長するに従い、個性が際立っていくので将来が楽しみですよ。

お悩み16

小さいときから消極的で人前が苦手な小2の娘。学校では挙手も発言も一切しません。どう導けばいい？

小学2年生の長女は、小さい頃から消極的。学校での挙手や発表をしたことがありません。少人数でいるときは平気で、お友達からも「学校とは別人だね」と言われるくらいです。夫は精神的な病気が隠れているかもしれないから一度診てもらったらと言います。私は病気とは思いませんが、このままだと学校が嫌いになってしまうのでは、と思うことはあります。人前に出ることに慣れていってほしいのですが。

ゆっくりじっくり育っていく子もいます。今、花開かなくても大丈夫です

ご相談のお子さん、私の昔の姿とそっくりです。家庭では「はたち（20歳）」とあだ名をつけられるくらい、口達者で生意気な末っ子でした。が、ひとたび学校へ行くと、黙って口を開きません。しゃべらない、と強い意志があってではなく、話そうとさえ思えないのです。椅子にジッと座っていることはできますが、手を挙げて発言なんてとんでもない。もちろん成績も低空飛行。先生は「やればできる」と言いましたが、やろうという意欲はありませんでした。

今思うと、私はサナギだったのだと思います。薄いベールの中に身を置き、安全地帯から外の世界を眺めていたのです。サナギは死んでいません。眠ってもいません。ちゃんと中で生きて育っているのです。そして「あの先生はえこひいき

をするから信用できない」「あの子は乱暴だけどまずい牛乳をおかわりできるからえらい」と、今でも覚えているくらい観察していました。私がサナギから抜け出し始めたのは、中学2年。身をすべて外界へ出したのは高校生でした。

そのくらい、ゆっくりじっくり育っていくこともあるのです。

サナギが元気に育つためには、居心地がいいことが大事です。学校では本領発揮といかないお子さんですから、心も体も硬くなっていることでしょう。帰ってきて発散できていれば大丈夫。家で自分を解放できていれば、学校で静かにしているなんてどうということはありません。

質問には続きがあり、赤ちゃんの頃からを振り返りあれこれ分析されています。どう導いてあげたらいいのかと戸惑う気持ちはわかりますが、親の分析が我が子の心情の事実とは限りません。もし、母親の分析が当たっていたとしても、それをどうしろというのでしょう？　今、お子さんは精一杯生きている。それでいいじゃないですか。

私が元気なサナギでいられたのは両親のおかげだと思っています。毎朝おなかが痛くなっていた私を母は黙って膝に抱き、手をおなかに当ててくれました。すると「学校行こうかな」と自分から立ち上がる気になったものです。遅刻や忘れものが多く担任に呼び出されたときも「なんだって？」と聞く私に「たいしたことじゃないから気にしなくていいよ」と言ってくれました。ありのままの私に注文をつけることはありませんでした。

子どもは自分で自分を育てていきます。自信は一気に身につくものではなく、自分を受け入れてもらえる体験を積みながら徐々についていくのです。

お悩み17

ひとり遊びが好きな小1の息子。友達がいないのが気がかりです…

小学1年生の息子のことで相談です。幼稚園のときから、友達と仲良く遊ぶ姿を見たことがありません。〝友達と仲良くなりたい！〟という気持ちもあまり感じません。しかしひとりでいる息子の姿を見ていると切なくなります。子どもって、無邪気にじゃれ合って遊ぶものじゃないですか？　息子は明朗活発な性格ではなく、存在が薄い子だとは思います。苦手な子から声をかけられると固まっています。こんな息子でも、いつか心を許せる友達ができるのでしょうか？

ひとりの世界が好きで、まだ自分の殻を脱ぐことができないだけです。家で元気に過ごしているなら心配なし

息子さんのように友達に関心がなくて、友達がいないこと自体は、大した問題ではありません。〝友達と仲良くなりたい！〟という気持ちもあまり感じないとありましたが、ひとりの世界が好きで、まだ自分の殻を脱ぐことができないのでしょう。ひとりで遊ぶことを堪能できていればいいです。ひとりの時間が不安ではないというのは、大事なことでもあります。

〝子どもって、無邪気にじゃれ合って遊ぶものじゃないですか？〟というのは、お母さんの思い込みです。子どももいろんな子がいます。

実は私も子どもの頃は、家では元気なのですが、小学校に行くとひとりで校庭の隅に座っているような子でした。周りの子から声をかけられれば話していまし

たが、学校には友達と呼びたい子はいませんでした。

たぶん、自分の殻に入りながら、周囲をよく観察していたのだと思います。友達がいないことは、私は苦痛ではありませんでした。息子さんのように、苦手な子から義理で声をかけられるのが嫌で困っていました。友達はいてもいいけどいなくてもいいのです。「ひとりでも大丈夫」ほど強いものはないと思っています。「家でも元気がない」「登校前になると具合が悪くなる」など心配な様子があれば担任に相談してみたらいいでしょう。そうでなければ、見守っていて大丈夫です。お母さんに心がけてほしいのは、家の中を心地よい居場所にしてあげることです。家が心地よいと、学校で多少嫌なことがあっても乗り越えられます。我が子のペースを大事にしてあげてください。

column
ひとり遊びを悩まないで

子どもの友達関係で、「うちの子ひとり遊びが好きで、友達がいなくても平気みたい。これって変じゃないかしら」と心配するお母さんは結構います。ひとりでいることが苦痛じゃなく、友達と一緒にいるのはわずらわしいという子はいます。そんな子は、今の自分で満足しているのですから、それを見守ってあげればいいのです。私は基本的には、ひとりでいても大丈夫という力は大切だと思います。子どももひとり遊びが基本なんです。ひとりで自分と向かい合って遊べる子は、自分という核をしっかりと持ち続けることができます。

３歳のけんちゃんは、ひとりで砂場でしゃがみ込んでいることが多い子でした。よく見ていると、砂場の砂を地面に持っていき、手のひらでこすって煙を出すことに夢中になっていました。砂ぼこりが立つから友達と一緒だと困ることだったのね。それでずっとひとりで遊んでいたのですが、そういう場合は好きなだけやらせておきます。もちろん、同じように砂場でひとり遊びしていても、背中が寂しげで友達と遊びたいオーラを出している子には、「何やってるの？　一緒にやっていい？」と話かけて隣で遊ぶようにします。すると、たいてい、ほかの子ども達も寄ってきて子ども同士の結びつきができてきます。

小学生になって友達とトラブルが起きるようになると、「ひとりでもいいや」と思える子どものほうがずっと強いんです。ひとりになれる子は、自分にこもって解答を見つけ出す力を持っています。だから、ひとりで不安になる子より、ひとりぼっちでも平気な子のほうが強いんです。ひとり遊びができることは大事なことですから、心配することはありません。

お悩み18

気が強い小2の息子。友達とトラブルを起こしては学童や学校から連絡が。どう関わったらいいでしょうか

小2の息子のことで悩んでいます。学童の先生から「お友達を煽《あお》るような発言をして、怒ったお友達が手を出しておなかに傷ができています。これまでも煽ることが何度もあって、別の友達ともトラブルになりました。そのようなことがないよう家庭でも言い聞かせてください」と電話がありました。すなわち息子が悪いからケガをしたのも仕方ないよという言い方でした。学校の先生からも「友達

と言い合いになり、手を出しました」「友達の鉛筆を隠しました。イヤなことを言われた仕返しだと言ってます」とたびたび電話があります。2歳ぐらいからとにかく気が強くて負けず嫌い、自分の思いを曲げないのと、遊びのときも自分が思うようにならないと癇癪を起こすので頭を悩ませています。叱るよりは、と状況を聞き出そうとすると「知らない、わからない」と突っぱねてだんまりを決め込むのです。

トラブルを起こさないように親が言い聞かせるべきなのでしょうが、息子とどう関わったらいいかわかりません。

自分の気持ちをわかってほしいのにそれがうまくいっていないのでは

親も事あるごとに「言い聞かせてください」と連絡があって辛いでしょうけど、一番切ないのは息子さんよね。大体、やっちゃいけないとか、言い聞かせてわかる子はいません。

この子は自分の気持ちをわかってほしいのにそれがうまくいっていないのではないかしら。鉛筆を隠したり、手を出したりするのは、友達から何かされていてもうまく言えない代わりの行為なのかもしれません。また、ひょっとしたら、本当はその友達とコミュニケーションを取りたいのに上手に関われないから、ということも考えられます。

まだ2年生です。きっとモヤモヤしている気持ちをどう表現していいかわからないんです。だから、どうしてやったかなんて言えるはずがない。

なんとなく感情が落ち着かなくて行動に出ているのだと思います。まず、言葉と気持ちを結びつけて、気持ちを言語化する手助けをしてあげてください。そのためには「だってね」「あのね」と子どもが話したくなるような問いかけをしてあげてください。

「友達の鉛筆、かっこよかったの？　それとも仕返し？」「頭に来ちゃったんだよね」とか、追及ではなく、状況を説明させるのでもなく、やってしまった行為を否定しない声かけをすると、もっと自分の気持ちをわかってほしいと思うようになります。

気持ちを受け止めてもらえると、感情が落ち着いて思考が始まります。そうか、そう言えばいいのか、そうすればよかったんだ、と自分で考えられるようになっていきます。感情が動転しているときに問い詰められると、次から次へと言い訳を考えていくようになり、どんどん行動が激しくなっていきます。そうして、誰

も僕のことをわかってくれないという思いに取り憑かれてしまいます。

保育園でよくあるトラブルの一つに「友達の靴を隠す」というのがあります。みんなが困ってワイワイしているうちに、隠した子が「ここにあったよ！」と言って持ってくる。そんなとき、隠したことを叱るべきか、うそをついたことを叱るべきか、保育者からどう叱ったらいいですか、と講演会の時に相談されたことがありました。でもそれは叱ることではありません。その子は自分の存在をわかってほしくてやっているんです。「僕のことを見て」という心の叫びが、友達の靴を隠すという行為になっているのね。だから、叱るのではなくて、その子のことを気にかけているという言葉かけや関わりをしてあげてほしいと答えました。

講演が終わると、聴衆のひとりだったお父さんが近づいてきて、こう言ったんです。

「僕も幼稚園で同じことしてました。でも、どうしてそんなことをするのかそのときの自分はわからなかった。ただ『あってよかったね！』というみんなの笑顔がうれしかったという気持ちは覚えています。先生の答えを聞いて腑に落ちました。あのときの僕はみんなに構ってほしかったんだなあって」

わけもなく乱暴、わけもなく悪い子になろうとしている子はいません。そうせざるを得ない訳が絶対にあるはずです。何があったのかを聞き出そうとするのではなく、まずは、子どもの気持ちをわかりたいという言葉をきっかけにして関わってみてください。

お悩み19

小1の息子が友達とクラスの子にたびたび嫌がらせを。「いじめっ子」にならないか心配

息子は小学1年生。先日、担任の先生から電話がありました。クラスの男の子がトイレの個室に入っているのを、友達と一緒にドアの隙間から覗いたり、ドアを蹴ったりしたそうです。先生からは「息子さんは、周りの子に流されて一緒にやったようですが、私が〝やった子は申し出なさい〟と言っても、最初は手を挙げませんでした。そのため〝先生、やった子のこと知っているよ。もし自分から言わないなら、家庭に連絡するからね〟と言ったら、手を挙げました。実は、以前にも息子さんを注意したことがあり、今回の件は学年の問題として校長先生も

含めて話し合いました。学校でしっかりと叱ったので、家庭では〝なぜ、そんなことをしたのか？〟理由があるなら聞いてあげてくださいと言われました。

息子に理由を聞くと「面白くなってやっちゃった」と言うのです。学校でしっかり叱ったというので、私からは厳しく叱りませんでしたが「相手の子の気持ちを、もっと考えなさい」と言いました。

息子のこうした行動は、親の愛情不足でしょうか。本当に危ないことやいけないことは、腕をつかんだり、怒鳴ったりして叱ったこともあります。そうした叱り方がいけなかったのでしょうか。

息子はサッカーが大好きで、サッカー以外のことには興味がない感じの子です。でも昨日は思わず「サッカーはチームプレーだから、友達や仲間の気持ちをわからない子は、サッカーはやらせない！」と言いました。いつか息子が〝いじめ〟に加担するのではないかと心配です。

小学生は、つるんで悪さをすることを覚える時期です

一年生は、友達とつるむのが楽しくて、つるむと〝自分は強い！〟と勘違いし始める時期です。さらに仲間との絆も強くなった気がして、図に乗っていきます。しかし、今回のようなことがあると、見つかって親や先生に叱られます。こうしたことの繰り返しが〝つるんで悪さをするのは人として恥ずかしい〟という自覚を促していきます。お母さんは、愛情不足や育て方がいけなかったのか悩んでいますが、そんなことはありません。健康な育ちです。

しかしサッカーと結びつけたのはいただけません。親の思いを伝えるために、大好きなサッカーで罰を与えるのは感心できません。好きなことを取り上げたり、交換条件を出したりして教えていくのは、子どもの心には響きません。シンプル

に、正直に「こんなことをしてほしくない！」ということを伝えるだけで十分です。「つるんで、ひとりの子に嫌がらせをするような卑怯な子に、お母さんはなってほしくない！」と伝えたほうが、息子さんはわかってくれると思います。声のトーンや顔の表情などを通してお母さんの真剣さが伝わります。

将来いじめに加担することを心配していますが、まだ小学1年生ですから、あまり深く考えなくてもいいでしょう。今の時期は多少の後ろめたさはあっても、罪悪感はないので、目を離さず問題が起きたら、その都度子どもと向き合って、きちんと叱れば大丈夫です。

子どもの「やりたい」は「大きくなりたい」ということ

「りんごの木」では「子どもの心に添う」を保育の基本姿勢に置いてきました。それは具体的にどういうことかというと、子どもをよく見て、こう感じているのではないか、こう思っているのではないかと察して、子どもの気持ちを受け止めるということです。

それは、隣にいて子どもの気持ちを察するという程度のものです。子どもの気持ちを理解しようとしているわけでも、ましてや、子どもが苦しんだり悲しんだりしないように配慮するわけでもありません。子どもの気持ちをそのまま受け止めるだけです。

たとえば、朝食にパンを用意したのに、子どもが「え〜、パンかぁ。焼きそばがよかった」と言ったとします。じゃあ、仕方ないから作ってあげようというのは、要求に応えているのであって、寄り添うとは違います。「残念だったね」が添う言葉です。

2歳ぐらいの子が物の取り合いをすると、すぐに「貸しては?」「貸してあげなさい」「ありがとうでしょ」「どういたしまして」と親が焦って言わせている光景を見ますが、これは親同士のセリフです。子どもの行動から言葉を翻訳するならば、「これ使いたいの?」「使っていい?」「ダメなんだ」「残念」という調子でしょう。大人がどういう子どもであってほしいという願いはさておき、子ども自身の気持ちを察して受け止めたいのです。

子どもの気持ちを察して見えてきたもの

こんなふうに心がけて日々を送っていると、子どもの様々な表情が雄弁なことに気づきます。子どもの感性の豊かさや、子ども達のドラマ、魅力がどんどん見えてきました。

1歳のゆうちゃんは、教えもしないのに電気のスイッチを見つけました。電気ストーブ、テレビ、と次々に押して歩きます。穴を見つけるのも得意。コンセントが危険なので蓋をする器具を付けました。指の1本が動くようになったからうれしくてたまらないのでしょう。自分の鼻の穴に指を突っ込んでいる1歳ぐらいの子を見かけませんか？　指2本でものをつかめるようになった頃、ティッシュペーパーが格好のおもちゃになりました。取っても取っても次々と出てくるのですからたまりません。

3歳のともくんが、ペットボトルの水をコップに入れています。もちろん、コップのほうが容量が少ないのですから、ストップをかけなければ溢《あふ》れてしまいます。ところが、ともくんはペットボトルが空になるまで注ぎます。コップからは水が溢れますが、真剣な表情でやってます。ワケがわからないですが、真剣なのですから無言で見守ります。ビショビショになったテーブルを雑巾で拭き続けましたが、ついに「これ、外でやってくれる？」と静かに言ってみると「いいよ」と移動してくれました。

4歳のケンちゃんが滑り台の上から砂を撒いています。しばらくすると水を撒きました。本当に迷惑なことですが、もっと滑るようにするためにどうしたらいいのか、研究していたようです。

子どもはそのときに心身が発達するうえで必要なことを、環境の中から見事に拾って夢中になるのです。ですから同じことを永遠に続けてはいません。

水道の蛇口を指先で押さえて水を飛ばす方向を変えられるようになったのも、自分のものが大事で貸せなくなったことも、押し入れの中からジャンプをするようになったことも大きな成長です。歩き始めたときはあんなに大喜びしたのに、これらを喜べないのは、大人にとって不都合なことだからです。

子どもは自ら発達する能力を持っています

子どもの心に添って遊びを見るうちに、子どもは自ら発達する能力を持っていることを確信しました。自らの中に発達カリキュラムを持っているのです。子どもの「やりたい」は「大きくなりたい」ことの表れなのです。それがおもちゃであろうが遊具でなかろうが、大人が喜ぼうが迷惑であろうが、大きくなるためにやらざるを得ない欲求なのです。

子どもの年齢に合った「やりたい」を保障し、援助することが「保育」だと考えています。ならば「やりたい放題でいいのか」「子どもが動物的にならないか」「コントロールがきかなくなるのでは」と思われる方もいらっしゃるでしょう。けれど、身体の発達には体験が必要です。

心の発達も然《しか》りです。遊びを通して他の子どもと関わる、物の取り合いを通して人の気持ちに気づく…。心のコミュニケーションを取りながらつながり、やがて自分をコントロールできるようになっていくのです。5歳児が葛藤《かっとう》する姿は感動的でさえあります。心と体はバラバラに成長するのではありません。一緒に使いながら育つのです。「子どもの心に添う」とは、子どもの遊びや関わりを見守ることで、その子が納得しながら成長していくのを保障することでもあるのです。

もちろん、親として大人として、見守っている場合ではないこともありますし、感情的に許せないこともあります。けれど、親御さんたちには、大人が子どもを作るのではないこと、大人の影響を受けながら、子ども自身が自ら育っているということを理解してほしいと願っています。子どもの心に添うことで、それを実感できるはずです。

PART2

園のお悩み

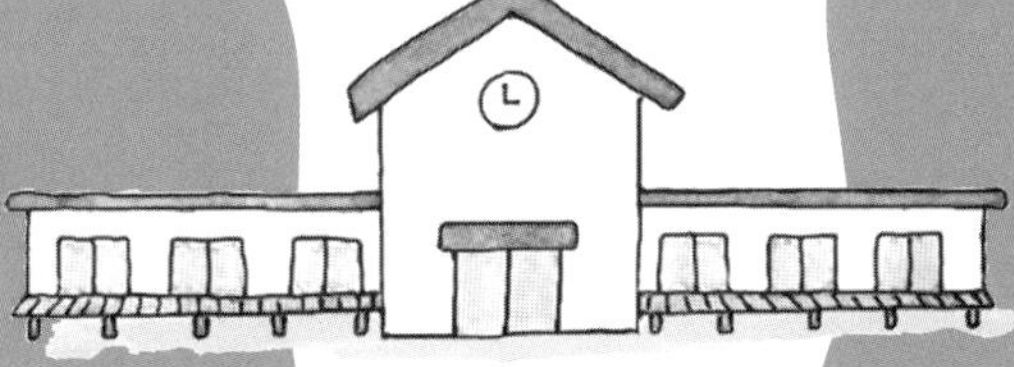

お悩み1

2歳の長男の園選びに迷ってます。長女と同じ園は合わない気がして…

2歳の長男の園選びに悩んでいます。年長の長女が通う幼稚園は、カリキュラムがしっかりとある一斉保育の園です。娘は楽しく通っているのですが、なんだか自分で考えることがあまりない、指示待ちの子になってしまったような気がして、息子は活発の子なので自由保育の園に行かせたいという思いを持ち始めています。でも、娘は自分の通う園に弟も入ってくると楽しみにしています。娘にどう説明したらいいでしょうか？

毎日通うのですから、子どもが楽しみにできる園がいい

子どもにないものねだりをしているのではなく、子どもに合った園を選ぼうとしているのが素敵ですね。往々にして、集中力がないから一斉保育の多いところ、遊びや想像力がないように見えるので自由なところなどと、我が子の気になる弱点を修正しようと園を選ぶ方がいます。

上のお子さんが楽しく通っているけれど、下の子には向いていないのではということですよね。どんなに親が願いを込めて決めても、園は魔法は使えません。たぶん、その子らしさは、どこへ行っても保たれます。そこで大事にしていただきたいのは、毎日通うのは子どもだということです。あなたが自分に合わない職場に毎日行くことを考えてください。気が重くなりませんか？　毎日行くんだっ

たら、やっぱり楽しみにできるところがいいですよね？　つまり、活発な子には活発に遊べるところが向いていると思います。

もう一方、園を条件で選ぶこともあると思います。家から近い、送迎のバスがある、給食かお弁当か、保育時間が長いか短いか…。

兄姉が行った園かどうかを大事に思っている方もおられます。きょうだいで、平等に話が通じるように同じ園を選ぶという方もいます。知っている園であれば気持ちがラクで、先生達とも馴染《なじ》んでいるから、緊張がありません。

お子さんはまだ2歳です。一般的に考えると卒園までに4年間通います。子どもの気持ちと、親の気持ちも含めてあれこれ考えてみてください。

そのうえで、違う園に入れることを決心なさったならば実行しましょう。上のお子さんには、「あなたが今の園を大好きになってくれてうれしい。◯◯ちゃん（弟）も大好きになれる園がいいと思うの。それを見つけたのよ！　違う園なんだけど、◯◯ちゃんは楽しめそうなの。どんなところか、◯◯ちゃんがそこを好きになってくれるかママと一緒に見ていようね」こんなふうに話したらいかがですか？

上のお子さんが嫌と言っても、泣いても、親が決めたことを優先しましょう。客観性を持って判断するのは大人の役割です。月日と共にお姉ちゃんも慣れてきます。様々なことを、家族で実感し、楽しめたらいいですね。

お悩み2

転園した5歳の娘。幼稚園で大好きなお友達とうまくいかなくて寂しそう

転勤のため、5歳の娘が幼稚園を転園しました。最初は、毎日楽しそうに通っていたのですが、1か月ほど前から「大好きなHちゃんが遊んでくれない」と言い出すようになりました。Hちゃんには前から仲のいい子がいて、娘も一緒に遊ぶという展開にはならないようです。私も最初は「それは嫌だったね。でもほかの友達と遊んでもいいんじゃない?」と言い聞かせていましたが、娘は「わかってるよ。でもHちゃんがいいの!」とあきらめません。

先週もHちゃんに遊ぶのを断られてひとりで遊んでいたと聞き、先生に相談し

たところ「大丈夫です。ずっとひとりということはないですし、十分園に馴染めていますよ」と言われました。

しかし今日もまた「Hちゃんが、私と遊ぶのを嫌だって言う」と寂しそうに言われ、何かしてあげられないかと思ってしまいます。子どもの世界のことなので、なるべく子どもの力で踏ん張ってほしいとは思うのですが…。

子どもはきっと解決の道を歩み出します。親は寂しい気持ちに寄り添いながら見守って

5歳になると、友達関係も複雑になります。でも子どもは、そんなふうに心を揺らしながら、友達関係を深めます。好かれるために大事な物を譲ったり、おべっかを使ったりと、子どもなりにいろんな方法を駆使して友達関係を作っていくのです。

転勤という親の都合で転園せざるを得なかったという背景もありますし、ひとりぼっちの姿を見るのは本当につらいでしょう。でも残念ながら、親にできることはありません。唯一できるとしたら、子どもの気持ちに寄り添うことぐらいでしょう。寂しそうにしていたら「なかなかうまくいかないね。おいしいもの食べて、元気出そう！」と温かい言葉をかけてあげてください。

また一緒に考えてあげるのはいいことですが、親が頭で考えたアドバイスはあまり役には立ちません。親の体験談には興味を持つと思うので、お母さん自身、幼い頃に友達関係で悩んだことなどを話してあげてはどうでしょう。子どもは、今の状況から様々なことを学び、きっと解決の道を歩み出します！　我が子の立ち上がる力を信じて、待ってください。親が心配しすぎて子どもの足を引っ張らないように、ここは黙って見守りましょう！

お悩み3

保育園が厳しくて注意されてばかり…。転園したほうがいいか悩んでいます

息子の通う私立保育園は、1日の外遊びは1時間のみ。身なりや行動に厳しく、太鼓やバイオリンの練習があり、年長になると楽器が立派に演奏できるようになります。

私は、園から「〇〇くんが、注意したら大騒ぎした」「友達を叩いた」など、たびたび言われてきました。それを私から、息子に注意すると「どうせ僕が悪いんでしょ。僕だけが謝るんでしょ!」と卑屈な態度をとります。

「息子には合わないのかも…」と転園を考えて、先日、農家の家を改築し、一

日中、畑や庭で泥んこになって遊ぶ園の見学に行きました。しかし保育料は、今の3倍であきらめざるを得ませんでした。

また災害の影響で、最近、外遊びが30分以内になってしまったのですが、息子には耐えがたいようで、日に日に行動が荒れてきています。年長ですが、やはり転園を考えたほうがいいですか。

年長児は友達関係も重要になっています。転園は子どもの意見を尊重して！

なんとも切ないですね…。子ども時代は、バイオリンや太鼓が弾けるより、体を使って思いきり遊んだほうが断然いいに決まっています！　子どもは、子ども時代を楽しまなければいけません！　子どもは自由な時間を過ごすことで、心身ともに大きく成長します。また自我が強い子ほど、抑えるとキレやすくなります。

さて、転園についてですが、無理には勧めません。しかし真剣に転園を考えているならば、息子さんの意見を聞いてください。年長児ともなると、友達や仲間関係があります。保育者からいくら怒られようとも、息子さんには居場所になっているのかもしれません。お母さんの正直な気持ちを話して見学に行き、子どもに選択させてください。「りんごの木」でも年長児を迎える場合は、数日体験してもらって、私から本人に意見を聞くようにしています。

もし転園しない場合は、子どもが園に対して不満を言ってきたとき「うん、うん」とよく話を聞いてあげてください。決して否定せず「どうして怒られるんだろうね」「嫌だね」「ママは、そういう〇〇くんが大好きだよ」「頑張っているね」と、肯定してあげてくださいね。無条件に受け入れてくれる家族がいれば、心が折れたり、ねじ曲がったりすることはありません。あなたに大事にしてほしいのは、子どもの心を受け止めることです。早めに迎えに行けるときは、迎えに行きましょう。

休みの日は、大いに体を動かして、外で思いきり遊んでくださいね！

お悩み４

急に幼稚園に行きたがらなくなってしまった３歳の息子。思い当たることは色々あるのですが…

３歳の息子は幼稚園を楽しんでいたのですが、２週間前から行きたがらなくなりました。思い当たる原因は、園外保育に行ったときトイレに間に合わず漏らしたことです。その後、園のトイレ（個室・扉なし）に入っても「ほかの子がいると用を足せない」と担任の先生に言われました。

もう一つ考えられるのは、息子も言っていますが、私と離れるのが寂しいようです。これまでは夫に預けて、私がひとりで外出することもありましたが、最近は泣いて嫌がります。２人目を妊娠中なので、息子がかんしゃくを起こして泣くと、私まで頭に血が上り「もう、お母さん出ていく！」と言って、出ていくふりをしたことがあるのですが、息子の様子が変わったのはそれからだと思います。

こんな状態ですが出産を迎えるとき、幼稚園を休ませて実家に帰っても大丈夫ですか。休むと、余計に幼稚園に行かなくなるのではと心配です。

3歳児にとっては、幼稚園での友達関係より、親子関係のほうが大事。まず、あなたの心の安定を考えて

息子さんが幼稚園に行かなくなった理由が、あなたのおっしゃる通りだとすると、お漏らししたことが余程、自尊心を傷つけたのでしょう。しばらく、そのことが響いてしまうのは仕方ないことです。でも時間が癒してくれると思います。

もう一つ、あなたとの関係については、妊娠中の不安定さもあって離れられないのでしょうから、まずはお母さんの心が安定することが第一です。お母さんの出ていくふりほど子どもの心にこたえることはありません。今は息子さんが幼稚園に通うことよりも、あなたが安心できる状況を作ることが先です。少し実家に行くのもいいでしょう。年少児は、しばらく幼稚園を休んだ後、登園しても疎外感を味わうことはないと思います。

幼稚園での友達関係より、親子関係のほうがずっと大事なのが3歳児です。

行きたがらないのに登園させたほうがいいケースは、登園したときは泣いていても、しばらくすると泣き止んでいたり、お迎えに行くと明るい表情をしていたりするときです。理由は、別れ際は決心がいるけれど、その後ちゃんと自分を取り戻して遊べているからです。

逆に休ませたほうがいいケースは、①お迎えのときパッとしない表情をしている、②食欲がない、③チックなどが出る、④何度も手を洗いに行きたがる、⑤おねしょが始まってしまう、⑥発熱や嘔吐などが見られたとき。

子どもは言葉では伝えられない分、身体にＳＯＳサインが出ます。そんなときは躊躇《ちゅうちょ》しないで休むことが必要です。でもまず、息子さんのことよりもあなた自身を大事に考えてくださいね。お母さんが安定すれば子どもも安定します。

お悩み5

担任が変わってから、登園をしぶるようになった4歳の娘。転園が頭をよぎりますが

幼稚園の年中クラスになって、担任がベテランの先生に変わりました。それ以来、娘の様子がおかしくて…。登園前になるとぐずったり、泣いて「幼稚園に行きたくない」と言うようになりました。私は「少し時間が経てば慣れるかな？」と思っていたのですが、慣れる様子がありません。

幼稚園に行くことを拒むのに、幼稚園では先生に怒られないように、やるべきことは真面目にこなしているようです。先日「今日、先生に怒られなくてよかった。でも、ほかのお友達が怒られていると、ドキドキしてイヤな気持ちになるんだ。幼稚園、楽しくないから行きたくないの」と話してくれました。転園したほうがいいのでしょうか。

ベテラン先生は、子どもが緊張しがち。即、転園を考えず、まずは担任、園長に相談を

娘さんは、今、頑張っているのだと思います。よく怒られる子はそんなに響いていないのに、真面目な子は怒られているのを見ているだけで緊張してしまうのです。

そして、自分は怒られないようにしようと頑張るのです。子どもは若い先生が好きです。ベテランは親の信頼は厚いですが、子どもには隙がなさすぎて緊張してしまいがちです。でも、だんだんベテランの先生の人柄が見えてくると安心します。お母さんは転園したほうがいいのか悩んでいるようですが、嫌なことがあったら転園というのはこれから先のことを考えてもいいとは思えません。どこにいたって毎日ハッピーとはいきません。私達だってそうですよね。

すでに世の中で生きていくための練習が始まっているのです。まずは担任の先生や園長先生に相談してください。年少クラスのときは、幼稚園が楽しかったわけですから！

担任の先生もまさか自分の言動が原因で、子どもをこれほど追い込んでいるとは気づいていないかもしれません。怒り方を和らげたり、ほめることを多くしてくれるかもしれません。日を重ねるに従って、「この先生は、こういう人なんだ」と子どもも受け止めるようになります。お母さんを受け止めるようにね。子どもは、大人が思う以上に賢くて柔軟です。そのうち嫌なことがあったり、怖かったときは、聞かない、逃げるなんてこともできるようになっていきます。

column
子どもの個性と園の相性

あれこれ迷って、やっと決めて入園。でも始まってみたら、子どもの様子がいまひとつ…ということがあります。ある４歳の男の子のお母さんは、「お宅のお子さんはうろちょろして落ち着きがないので、担当の先生をつけたい」と先生から言われて、すっかり落ち込んでいました。その子に障害があるというわけではなさそうです。カリキュラムに英語や体育の授業が組み込まれている幼稚園とのこと。それは、親が選んだ園が、その子に合わなかったというだけの話なんです。やんちゃな子どもが、昔に比べてずっと少なくなっていることで、とがめられて悩んでいる親も多いのだと思います。

でも、「ご挨拶ができて、お友達に『貸して』って言えて、仲良く遊んで」という完璧な子ども像を目指した子育てって苦しくないですか？　多様な価値観があり、子どもも様々だと認めるとホッとできます。それによって、人間性やコミュニケーションの幅が広がります。

管理の厳しい園でも、結構うまくやっていける子もいます。早熟な女の子で、課題をもらうと張り切り、評価をされると喜んで伸びていく子なら、一斉保育に向いています。でも、比較的、小さいときから指示に従うのが苦手というやんちゃ坊主は、大人の決めたプログラムにおさまらない。子どもも様々ですから親の望み通りにはいきません。

子どもが園の方針に馴染めず、壊れそうになったら、ガマンして続ける必要はありません。「よその子はついていけるのに、どうして？」と悩まなくていいんです。子どもが悪いのではなく、ただその園に合っていなかっただけなんですから。

お悩み6

4歳の息子が幼稚園でお弁当タイムに仲間外れにされて…

年中児の息子は、幼稚園のお弁当の時間、一緒に食べる友達がいないようです。これまではいたのですが、その子がほかの子と食べるようになり、息子が「一緒に食べよう」と声をかけたら「あっち行け!」と言われたそうです。それから「幼稚園を休みたい」と言うようになってしまって…。幼稚園を休ませたほうがいいですか? 子どもには、なんと声をかけたらいいでしょうか?

残酷ですが、子どもの世界ではよくあることです。寄り添いながら、自分で問題を解決する経験をさせて

なんとも切ない話です。子どもってある意味残酷で、ほかの子に興味が湧くと、平気でそういう態度をとります。しかし子どもの育ちとして、今、その子が必要としている子に関わっていくのはよくあることなので、いたしかたないという一面もあります。息子さんも、きっと新しい友達を作る勇気を持っています。

「りんごの木」でも、同じような問題が起きたことがあります。

その子はひとりぼっちになり、椅子でバリケードを作って立てこもり、中からずっとみんなのことを見ていました。そして数日後「バリケードから出てきた！」と思ったら、今までとまったく違う子と遊び始めたのです。その子の親も心配していましたが、自分から新しい世界に飛び出した勇気に、私は心の中で拍手を送

りました。この経験は子どもの人生にとって、きっとプラスになるはずです。

息子さんは「幼稚園を休みたい」と言っているようですが、食欲もあって元気ならば登園させてください。登園させて、自分で問題を解決する経験をさせましょう。

もし登園しぶりが長引くようなら、次の3つのことを提案しながら、どうしたら登園できるか親子で相談してください。

①お母さんも一緒に幼稚園にいる
②みんなが来ないうちに幼稚園に行って、お母さんと一緒に先生に相談する
③お弁当の時間の前に帰ってくる

また、お母さんは子どもがいないところで、担任の先生や主任の先生に相談してください。「先生がお弁当のときの席を決める」など、何か解決策を考えてくれると思います。

column
子どもが悩んでいるとき、どう関わる？

子どもは何かあったときに寄り添ってくれる人がいることで自分を取り戻すことができます。困った顔の子に「困っちゃったね」とつぶやいて隣に座ると、「うん」と言い、しばらくすると動き始めました。いい考えが浮かんだようです。

泣いて暴れている子に「怒っているんだよね」と声をかけると、やがて暴れるのをやめて「だってね」と話し始めます。

　心の中で何かを感じているけれど言葉にならないときに、その感情を受け止められることで落ち着きを取り戻し、元の自分に戻れます。そして、ちゃんと自分で考えられるようになるのです。
・子どもが感じている→大人は表情から読み取ったものを言葉にする。つまり、その感情そのままを受け止めて共感する。
・感情が落ち着き、自分の気持ちを整理する→時間が必要なときです。焦って声をかけずに待ちます。子ども自身、自分の気持ちに向き合い考え始めています。
・話し出す、もしくは行動する→自分なりに結論や方法を見出して、気持ちにケリをつける。
　これら一連の様子を見守って寄り添います。何かあったときに、寄り添ってくれる人がいることで自らを取り戻して、自分に向き合い、一歩前に進んでいくのです。小さい子どもの場合、寄り添ってほしいのは親や信頼できる大人でしょう。

　人は生きているのですから、何かしらハプニングがあったり、心が疲れたり、悩んだりします。どんなにかわいそうでも、愛していても、他人が立ち上がらせることはできないのです。自らが自らに向き合って立ち上がる以外にないのです。寄り添ってくれる人がいることで、立ち上がる力が生まれるのです。

お悩み7

幼稚園でグループのひとりから無視されるようになった5歳の娘。どう対処すれば…

幼稚園の年長の娘には、年少からずっと仲良くしていたAちゃんがいます。娘とAちゃんの間に、後からBちゃんが加わったのですが、娘はBちゃんに意地悪をされるようです。Aちゃんとは笑顔を交わすのに、娘がニッコリ笑うと、Bちゃんはあからさまに無視するそうです。

Aちゃんと同じように接してもらえないため、娘が「も〜いい！」と言って、別の遊びをしようとすると、Bちゃんに「またすねた！」と言われます。娘が先生に相談すると、先生は「Bちゃんに自分で言いなさい」と言うだけで間には入ってくれません。娘は、無視されたり、嫌な思いをしても、2人と仲良くしたいようです。でも、毎日のように「今日はBちゃんに〇〇された〜」と話してきます。親として、どのように対処すればいいでしょうか。

友達関係で悩み、苦しむ葛藤が、子どもを成長させます。お母さんができるのは子どもの話をしっかり聞くこと

こういうことはよくあります。特に5歳児に多いです。5歳ぐらいになると子どもは、独占欲が強くなり、仲良し度に過敏になります。どちらのほうと密に仲が良いかを、心の中で測るのです。「普通の友達」「本当の友達」なんて区別して言ったりもします。娘さんのように3人グループというのが一番難しいです。でも、子ども達は必ず乗り越えていきます。

友達関係がうまくいかないと、ほかの友達を探したり、ひとりで遊んだり…と自分の中で模索し始めます。そして「〇〇ちゃんなんか、いなければいいのに!」「いじわるされても、一緒がいい」「もう、ほかの友達を見つけよう…」と心の中

で葛藤するのです。長いときは数か月にわたって葛藤することもあります。

ひとりになって遊ぶ子は、本を読んだり、折り紙をしたり…、ひとりになって殻にこもるのです。ひとりで遊びながらもチラリと相手を見たり、「ほかの友達はいないかな?」と周囲を観察したりします。子どもにとっては、苦しい時間だと思います。でも、子ども自身が殻から出てくる力を持っていると信じるしかありません。

家では、親に「つらい」と話すこともあるでしょう。先生にも助けを求めているかもしれません。しかし、結論を出して一歩前に進むのは本人しかできないことです。

殻から出てきたときに、子どもは大きくなっています。すっきりした顔になります。そうすると、ほかの友達を見つけて自分から近づいていきます。新しい友達が、声をかけてくるかもしれません。

こうした心の葛藤は、子どもの成長に欠かせません。これから人付き合いをし

ていくうえで、大きな糧《かて》になるはずです。お母さんにできることは、子どもの話を聞いてあげることです。Bちゃんの悪口を「うんうん」と聞いて、娘さんの心に寄り添ってあげてください。娘さんができそうな方法をいくつか提案してあげてもいいでしょう。お母さんもつらいでしょうが、子どもの力を信じて待ってあげてください。

お悩み8

引っ越しで転園したら「休みたい」「早退したい」が続くようになった4歳の娘。どう対応したら？

他県から引っ越してきました。上の子は4歳で、これまで幼稚園でしたが、引っ越しを機に1歳の妹と姉妹で保育園に入りました。しかし新しい環境プラス、コロナ禍でリズムが狂ってしまったのか、上の子が「早く迎えに来て！」「今日は、休みたい」と言うように…。

幼稚園に慣れている上の子にとっては、保育園で過ごす時間は長すぎるのでしょうか？ 先生たちは、優しいです。上の子に「保育園楽しい？」と聞くと「楽しい！」と答えます。「じゃあ、なんで早く迎えに来てなんて言うの？」と聞くと、

「もっとママといたいから」と言います。

私はフリーランスの仕事をしていますが、子どもの都合に合わせて休むわけにはいきません。本当は、親子で一緒にいたいとは思っているのですが、将来のことを考えると仕事を辞めることはできません。夫は多忙で、ほぼワンオペ育児です。

都合がつくなら平日の1日を休んでみては？ ただし、同じ曜日にしてリズムを作って

コロナ禍になって、子どもたちの心は揺れていました。ましてや知らない土地に引っ越して、幼稚園から保育園に転園して、お父さんとはなかなか会えない…。4歳の小さな体で、色々背負っていますよね。いえ、お子さんだけではなく、あなた自身も疲れを感じていませんか？

新しいところに馴染むのはエネルギーのいることです。保育園は楽しいけれど、頑張ってもいるのです。リラックスして楽しいのとは違います。人間、ちょっとずつ慣れていきます。ですから、初めは疲れるけれど、時間と共に、新しい日常になっていきます。

下の子は1歳とのことですが、1歳はあまり意識せずに身を委ねてしまうので馴染みやすいかもしれません。今の状況が永遠に続くわけではありません。あなたと一緒に一歩ずつ慣れていくといったところでしょう。

子どもの様子を見て「疲れているな…」と感じたら、もし都合がつくならば早めに迎えに行ってはどうでしょう。仕事が調整できるならば、平日の週1回は休みと決めて、親子で過ごす時間を作ってもいいと思います。ただし休みを取る場合は、いつも同じ曜日にしてリズムを作ることが大切です。不定期に休むと、子どもが混乱するのでお勧めしません。

前に住んでいたところを訪問したり、以前の友達に遊びに来てもらうのもいいです。思いっきり笑って、遊んで、元気を取り戻します。里心がつかないかと心配なさっていますが、現状をちゃんとわかっていますから、大丈夫。気の置けない人と再会することで、前を向く勇気が湧いてきます。お母さんもそうですよね？ 今までの人間関係を切ってしまうのではなく、つなげながら新しい人と出会っていくと考えてください。

お悩み9

幼稚園で娘がクラスの男の子に大事なところを何度も触られ…

娘は年少のとき、同じクラスの男の子に大事なところを2か月ぐらい触り続けられていました。最初のうちは「やめて！」と拒否していたそうですが、やめてもらえず怖かったと言っています。先生に相談したところ、男の子の親が謝りに来ました。しかし男の子は「やっていない！」の一点張りでした。

年長になり、ほかの男の子が遊び感覚で、娘の大事なところを触っているのをたまたま目撃しました。私が娘に「ちゃんと〝イヤ！〟と言わないとダメよ」と叱ったのですが、娘はヘラヘラ笑っています。

「大事なところだから、男の子に触られたりしたらダメ！　触られたら先生にすぐ言いなさい！」と言ったら、「ほかの男の子にも触られる」と言い出しました。娘はクラスの中で体が一番大きくて、少しぽっちゃり体形です。性格もおとなしいです。小学校に入学したら、親の目が行き届きにくくなるので心配です。

自分の身を守るためにも、なぜ人に触らせてはいけないのか、をしっかり伝えて

子どもでも、こうした性の問題はときどき起きます。年中、年長になるとスカートめくりをしたり、「カンチョウ」などと言いながら女の子の股間を触ったりする男の子もいます。トイレの中で2人でこもって見せ合ったりしていることもあります。

以前「りんごの木」でも同じような問題が起きました。スカートめくりをする男の子に「女の子のスカートをめくるって、どんな気持ちなの?」と聞いたら「ゾクゾクする」と言うのです。子どもでも性への興奮はあるんです! 女の子のほうは、何をされているのか実感が持てずに、されるままになっている子が多いような気がします。もちろん、何かわからないけど、怖さを感じている子もいます。

娘さんは、もうすぐ1年生。自分の身を守るためにも、なぜ人に触らせてはいけないのか、お母さんとお風呂に入ったときなどに女性の体についてきちんと話しましょう。

性の話をするのが恥ずかしいと思うなら、性教育をテーマにした絵本を読んであげてもいいでしょう。いろんな本が出ていますので、事実をきちんと伝えている本を選んでください。将来、お母さんになるための大事なところと話すだけでなく、どんなママになりたいかなどと想像して楽しみにするのもいいと思います。

お悩み10

毎日ケンカをしては園から報告がある4歳の息子。先日、通院するくらいのケガをさせてしまい…

外で遊ぶことが大好きで活発な4歳の息子。しかし、毎日、園から電話がかかり「今日は誰を泣かせた、今日は誰とケンカした」と報告があるのです。この間は、お友達をひっかいて通院するほどのケガをさせてしまったようで、相手のお宅にお詫びを入れたいと言ったところ、誰がケガをさせたかは話さない方針なのでその必要はないと言われてしまいモヤモヤしています。電話が鳴るのが恐怖です。

園は親同士のトラブルになることを懸念しているのでは。率直な気持ちを話して

園の先生としては、親は我が子のことはなんでも知っていたいし、情報は多いほうが安心すると思っているのでしょうね。でも、それはケンカやケガの程度にもよるし、言ってほしいかどうかは、人によっても違います。親のあなたの気持ちが見えていないのですから、「夕方になるとドキドキしてしまうので、ささやかなトラブルはご報告いただかないで結構です」と、きちんと園の先生に話したほうがいいですね。

通院するほどのケガをさせてしまったのは、親としても心穏やかではいられませんよね。事実をきちんと親として把握したいので、相手の親も一緒に話し合う場を設けてくれと園に頼んでいいと思います。園としては、大きなトラブルにな

ることを避けたいために警戒するでしょうが、「園を訴えたいわけじゃない。ただ事実を知りたいし、親だったら謝りたいし、謝ってほしいと思う」と、伝えてはどうでしょう。園としては、子ども同士のことなので親を巻き込むと関係が悪化することも考慮してのことなのでしょうが、「やってしまった子の親も、わかったほうがありがたいと思うこともある」と伝えるといいでしょう。

子ども達に「ケンカが好き?」と聞くと「好きなんじゃないよ。ケンカになっちゃうんだ」と言うのです。そして、「よく知っているやつとする。仲がいいとする」とも言います。「知らない人とは怖くてできない」そうです。気持ちをありったけ発散して、泣いたり負けたりしてすっきりするんでしょう。どんなにやり合っても子ども同士は案外ケロッとしていますよ。

ケンカをして多少のケガをしたとしても「お互い様ね」と、親同士笑い合えたらどんなにいいでしょう。

column

治るケガは心の栄養です

幼児のうちは、ケンカをしても、子どもはそのときの体力に見合うケガしかしないもの。私は入園時に、お母さんたちに「治るケガは心の栄養」と話します。ケガを喜ぶわけではないけれど、心も体も傷なくして子どもが成長することはありません。

園でケンカが起きると、まず１対１か、素手か、近くにケガにつながるものがないかを確認し、両方がやる気があるなら見守ります。片方にやる気がないと見たときは止めます。そして、ケンカが終わったら、すぐに事情を聞いたり、謝らせたりはしません。気持ちは徐々におさまりますからね。

私が怒るのは人として許せないことをしたとき。たとえば複数でひとりを攻撃しているとき。うそをついたとか人の物を盗んだことが原因のとき。それらが発覚したときは、理屈ではなく、とにかく怖い顔をして、ガツンと怒ります。価値観や規範意識の基礎は、５〜６歳までに身につくのです。この時期に悪いことは悪いとはっきり体にしみこむ体験をするべきだと、私は思っています。さらに言うなら、小学校低学年までの子ども達は、頭ではなく、心で生きているんです。言葉や理屈でわからなくとも、大人の気迫や涙で表された本当の怒りや愛情は伝わるものだと信じています。

子どもが人の気持ちを考えられるようになるには、たくさんのいざこざや体験が必要です。幼いときにケンカのルールや力加減を知ること、心をぶつけあって、修復していくケンカ体験は心身を練る大事な機会。「ケンカができてよかった」。そういう気構えで子育てができる親でいましょうよ！

お悩み11

送迎は便利だけど“園の方針と合わない”と感じることが。転園しても子どもは大丈夫？

上の子は3歳で近くの保育園に通っています。仕事復帰に伴い、1歳の下の子も保育園に預ける予定です。初めは上の子が通う保育園に、下の子も入れたいと思っていたのですが、保育園の方針と合わないと感じることがあり、上の子を転園させようか悩んでいます。今、通っている保育園は、うちからは近く送迎には便利です。夫も朝、送ってくれます。しかし転園すると送迎に時間がかかり、夫婦ともに不便が生じます。また上の子も楽しく通っているので、本当に転園してよいのか悩みます。特にトラブルがあったわけではないのでガマンしたほうがいいのでしょうか。

納得のいく園に預けたいと思うのは当たり前！ 3～4歳児は環境に馴染むのも早いです

3歳の子どもでは、自分で保育園を選ぶことはできません。選ぶのは親の判断です。大事な我が子を、納得のいく園に預けたいと思うのは当たり前です。ただ、園の方針と合わないというのは具体的にどういうことなのでしょう？ 園の子どもの過ごし方全般なのか、担任の先生の言動なのか、親に対しての対応なのか…。疑問を園に投げかけて話し合うことであなたの不信がとけそうなのか、もしくは改良していただけることなのかを整理してみましょう。案外、親の意見を言うことで緩和されることもあります。私だったら、まず園長と話してみます。

そう考えてみても気が進まないようだったら、夫に転園したい理由を伝えて一緒に考えてみましょう。夫の協力なくしては難しいことなのですから、お互いに

納得して協力体制をとれるかどうかですね。子どもによかれと思うことと、便利さとを天秤にかける感じですよね。どっちも大事ですけど、私は自分の気持ちが納得できる子どもの環境をとるかな。

実は、「りんごの木」にも、途中から転園してくる子が多くいます。最初は慣れなくても、次第に慣れて新しい園に馴染み、新しい友達ができます。特に3、4歳児は馴染むのが早いです。5歳児になると、すでに仲間関係もかなりできているところに入っていくので、子ども自身の力量と必然性（引っ越しとか、自身が嫌なことがあるとか）が必要でしょう。なので、5歳になっている場合は子どもとも相談してほしいです。いずれにしても、大切な子どもを信頼できる園に託すというのが一番だと思います。

園と保護者の信頼関係は日々の積み重ねから

保護者のお母さん達との良い関係を作るために、心がけていることがあります。シンプルだけど重要なこと。それは、朝の「おはよう」の挨拶です。毎日の送り迎えで、保育者と保護者が顔を合わせるのは、ほんの短い時間です。「よく来たね、今日も楽しく遊ぼうね」という気持ちを込めて、にこやかに視線を合わせて「おはよう」と挨拶を交わすこと。そしてその挨拶の大事なポイントは、「けんくん、おはよう」「なおちゃん、おはよう」と名前をつけて言うことです。名前を呼ぶことで、お母さんたちは「ああ、よかった。うちの子は大事にされてるわ」と安心するのです。

そのことを実感させられる事件がありました。あるとき、ひとりのお母さんから硬い表情で「お話があります」と言われ、「りんごの木は保育者の質が低い」とお叱りをいただきました。よく聞いてみると、お母さんの不信感の原因は朝の挨拶でした。「朝は夫が送ってきていますが、園に着いても先生方は、ほかのお母さんとおしゃべりをしていて、うちの子にはおはようと言ってくれないそうです。夫に、こんなところに預けて大丈夫かと言われてしまいました」。

朝は何組もの親が一斉に登園しますから大忙しなのは確かですが、これはなんと言っても保育者が悪い。来たのに声をかけてもらえないのは、無視されたと思われても仕方ありません。それが何日も続いてしまったとのこと。保護者として「りんごの木」を選んでくれた信頼を裏切ってしまったと反省して、お母さんに謝り、お父さんにも、すぐに行き届かない対応であったことをお詫びする手紙を書きました。

幸い、このお母さんとの信頼関係は回復しましたが、保護者との関係は日々の積み重ねを大事にして作っていくものだということをつくづく思い知った一件となりました。ちなみに、不信感を持たれている間、子どもの方も元気がなかったことに思い当たりました。親の不信感が子どもに伝わらないはずはありません。保育者と保護者との関係は、保育者と子どもの関係にも大きく影響するのです。

保育者が感動した子どものエピソードは親と共有

そして、保護者が子どもを迎えに来たときに、「さよなら」だけで帰してしまうのは寂しいこと。なので、少しでも言葉を交わせるように心がけています。保育者が感動したり、面白いと感じた子どものエピソードは保護者にも知ってもらいたいのです。

こんなことがありました。入園した初日、ずっと泣いていた2歳のあっくん。抱っこしながらしばらく散歩をして園に戻りました。まだお昼の時間には早かったけれど、自分の持ち物を見れば安心するかしらと思い、「あっくんのお弁当はどんなのかなぁ？　見てみようか」と話しかけお弁当箱を開けました。しばらく眺めていたあっくんが、突然、玉子焼きを一つ手に取って、私の口に入れてくれたんです。そして「おばちゃん」と言って、ひざに乗ってきました。

私は胸が熱くなりました。だって、それって「ぼくはあなたを信じます」ということですよ。「さんぽしてくれて、ぼくのことをだいじにしてくれて、ありがと」

と言われたような気がしたのです。まだ初日なのに、あっくんとのつながりができた気がして、とてもうれしくなりました。が、その日、私はお迎えに来たあっくんのお母さんとお話できるチャンスがなかったのです。そこで、連絡帳にこの出来事を書いて速達で送りました。そうせずにいられなかったのです。2歳の保育は、週に1回だけだったので、1週間後までこの感動を持ち越すなんて、そんなもったいないことできません。

お母さんは「まさかノートが速達で送られてくるなんて思いませんでした」と驚かれていましたけど「とっても感動しました。このことだけでりんごの木に入園させてよかった」と言ってくれました。こういう感動は、保育をしているとしょっちゅうあります。出来事をメモをしたりするけれど、旬のうちに保護者と感動を分かち合えると喜びは倍になります。そうして、こんな日々の報告を通して保護者の方々との信頼関係が深まるのだと思っています。

PART3

母親自身のお悩み

お悩み1

きょうだいの中のひとりの子にだけ愛情を持てない。私は母として失格ですか？

4人（男9歳、女6歳、女4歳、男1歳）の子どもがいます。3番目の子だけ好きになれません。ほかの子は心の底からかわいいと思えるのですが、その子に関してはほかの子と同じ気持ちになれないのです。子どももそれに気づいているのか、私の言うことを聞いてくれません。こんな気持ちを持っているなんて、夫にも相談できません。我が子をかわいいと思えない自分は大人として、母親として未熟なのでしょうか？

人間だもの。我が子とはいえ相性はあります。今のあなたに必要なのは余裕を取り戻すための「心の虫干し」です

子どもが2人以上いると避けられない悩みです。

自分の子をかわいがれないはずがないという思い込み、いい子に育てなくちゃ、というプレッシャー。「夫にも相談できない」とのこと。きっと、夫からいいお母さんで、いい子育てをしていると見られたいという思いもプレッシャーになっているのではないでしょうか？

我が子を愛せないと悩むあなたは、母親として未熟でも失格でもありません。すべての我が子に同等、同質の愛を与え続けるのは神業といえるほど難しい。好きになれないのはなんでだろう？　と感情を分析するのはやめましょう。子

ども達を等分にかわいいと思わない自分をどうしようと悩んでいるあなたは、それだけで十分誠意のある母親です。

人はつたないものや、未熟なものを〝かわいい〟という言葉で表現します。未熟でつたない我が子を〝かわいい〟と思えないのは、自分自身が緊張していて、神経を使っているからではないでしょうか？　だって手のかかる子が４人。どう考えても毎日バタバタで大変なことでしょう。生活や気持ちにゆとりがあってこそ〝かわいい〟という感情が生まれてくるもの。育児に余裕がある2番目以降の子どもはかわいい、という話、周りでよく聞きますね。

私の知り合いでも、同じように悩んでいた人がいました。ところが、子どもが高校生になったときから、すっかり関係は良好に。一番頼りになるいい関係にな

ったそうです。それまでのお互いの距離感が案外良かったのかもしれませんね。我が子との相性もそれと同じ。今はかわいくなくてちょっと苦手と思っていても、将来どんな親子関係になるかわかりません。親子関係も、感性の違いや相性問題があります。自分から生まれた子でも、母親の分身じゃないんですから。

ただ、あなたにとって子どもは4人でも、子どもにとっては、たったひとりの母親なのです。それは忘れないで。かわいく思えない子に冷たく当たってしまうと書いてありますが、その子を1日1回しっかりと抱きしめて、きちんと食事と寝床を与えていれば、子育ては何の問題もなしです。

誰にも話せない、モヤモヤした気持ちが心の中を占めたら、たまった膿を表に出すことがおすすめ。私は〝心の虫干し〟って呼んでます。心を許せる友人や信頼できる園や学校の先生に打ち明けてみて。文章に書き出してみてもいい。ただし子どもの耳や目に入らないところでね。心の虫干しをすると、不思議と抱えていた悩みは変わらないのに心は軽くなるのです。

あなた自身に余裕が生まれたら、今はかわいく思えない子との関係もきっと変わってくるはずです。

お悩み2

複雑な家庭環境で育った私。つい感情的に子どもに当たってしまい子育てに自信が持てません

4歳の男の子がいますが、つい子どもに感情的に当たってしまいます。私自身、少し複雑な家庭で育ちました。その影響が大きく、まともに我が子を育てられるのか不安です。子育ての問題というよりは、まずは私自身の心の問題を整理する必要性を感じていますが、どのようなことから始めたらいいでしょうか？

親自身が幼少期に体験した苦しみが、我が子へ向かってしまうのはよくあること。気持ちを吐き出すのが一番です

同じような悩みを持つお母さん達からは、「我が子を見ていると、自分自身の育てられ方が蘇って苦しくなる」という話をよく聞きます。

特に親から暴力を受けたり、侮辱され続けたり、愛情を感じないまま育ったりすると、そのときのつらい、苦しい気持ちが溢れ出して、我が子に当たってしまうことがあるそうです。虐待の連鎖です。

私は、これまで何人もそうしたお母さんたちの相談に乗ってきましたが、解決策はあります。お母さんの心の持ちようで、虐待の連鎖は断ち切れると思います。

まずは自分の胸にしまってきた、親への想いを全部吐き出してください。そう、〝心の虫干し〟で自分の体から、悲しい過去やつらい想いなど、負の感情を追い出すのです。そうすると心の中で渦巻いていたものが軽くなっていきます。

問題はそうした想いを誰に向けて吐き出すかですが、親が元気でパワーがあり、親子関係が断絶されてもいいという覚悟があれば、親に向かって吐き出して戦ってください。実践した、あるお母さんは、親子で言い合うことで、親が背負ってきたものや気持ちに気づけて、親への想いが変わったと言っていました。

また別のお母さんは、親に捨てゼリフを吐いて別れたのですが、「親も自分も、それぞれの家庭がうまくいっているのだからもういい」と割り切れたそうです。

親に気持ちが吐き出せないときは、共感して話を聞いてくれる人を探してください。もし誰にも言えない場合は、これまでの想いや怒り、苦しかったこと、悲しかったことを洗いざらいノートに書き出しましょう。ノートに書いて、自分がどんなひどい目にあってきたか客観的に見てください。頑張って耐えてきた自分のことを愛おしく感じられるかもしれません。

また書き出したノートをときどき読み返して「こんな親に、私は決してならない」と誓ってください。

子どもに当たってしまうことは、すぐには直らないでしょうし、反省しても繰り返してしまうこともあるでしょう。でも「悪かった！」と思ったら、子どもに「ごめんね」と謝りましょう。子どもの心を壊さないためにも、これだけは心に留めて守ってくださいね。

お悩み3

心身ともに疲れて子ども達に当たり散らしては自己嫌悪の日々。どうすれば…

長女は、あまり手がかからない子で穏やかに関わってきました。ゲームを与えたり、動画などを見せるのは嫌だったので、絵本をよく読んであげたり、手先を使う遊びをよくさせたりもしていました。私なりに、頑張って育ててきたのです。

しかし小学校に入学してから、短期間で長女、次女、私が風邪をひき続け、私が看病疲れ気味になってしまいました。それ以降、これまでの私とは違い、怒鳴ることが増えて「私の子育ては間違っていたのではないか!?」と思うようになり、「もう、ママは疲れた」と言って、子どもの前で泣いたり、落ち込んだりすることもあります。

そういう私の姿を見て、長女は私の顔色をうかがうようなときもあります。心身ともに疲れきってしまった自分をどうしたらいいのか、わからなくて…。

今のあなたに必要なのは休息。理想的なお母さん像を目指すのはやめましょう

疲れたら休む、これ人間の原則です。お母さんは、これまで完璧に子育てをしてきたと思います。立派なことです！　今まで、よくやってきましたね。でもこの辺で力を抜かないと、これ以上の全力疾走は難しいと思います。

理想的な母親像を目指すから苦しくなるのです。子どもは立派で、完璧なお母さんが好きなのではなく、どんなお母さんでも大好きです。子ども達が気を遣ったり、顔色を見たりするのは、お母さんのことが大好きだから。お母さんの嫌がることは避けたいと思う、健気な子ども心です。それだけお母さんは、子ども達に愛されているという証ですよ。ですから、一息抜いてわがまま言っても大丈夫です。

まずお母さんにしてほしいのは、体調を回復させることです。具合が悪いのですから家事なんて、二の次、三の次で構いません。ゆっくり休んでください。そしてお母さんの負担を減らしてください。といっても、真面目な人ほどどうやって負担を減らすのかわからないですよね。

とりあえずお母さんが負担に思うことは、いい加減にしていいです。料理が負担ならば、お惣菜を買ってきていいです。掃除が負担ならば、回数を減らしていいです。そして自分の時間を作りましょう。ドラマを見たり、本を読んだりなんでもいいです。お母さんが何かに夢中になっているとき、子どもから声をかけられたら「後でね」「今、忙しいから」と断って構いません。

お母さんが真面目で一生懸命だと、子どもたちも一生懸命にならざるを得ません。でもお母さんが手抜きをすると、子どもたちも気持ちがラクになります。親子ともに居心地がいいと思える家庭が一番ですよ。今までの子育ても、きっと子どもたちの糧になっていることでしょう。でも、これからは、素のままで子どもと向き合っていったらいかがですか？　お互いの笑顔が元気の素です。

お悩み4

ママ友との関係が気になって、見守る子育てができません

育児書などによく「見守る育児」とありますが、私は見守ることができません。頭ではわかっているのですが、児童館や公園などで遊ばせていると、相手のママとの関係を悪くしたくなくて、子ども同士のトラブルが起きる前に「ダメ！」と言って、割って入ってしまいます。本当は、大きな危険がない限りは〝お互い様精神〟で見守りたいのですが、なかなかできなくて…。どうしたらいいですか？

ママ友はひとりでも十分。過度に気を遣う相手は避けましょう

頭ではわかっていても、つい口を出してしまうのは誰しもそうです。お母さんは〝相手のママとの関係を悪くしたくなくて、子ども同士のトラブルが起きる前に「ダメ！」と言ってしまう〟と悩んでいますが、誰でも嫌な気持ちになりたくないですし、それがご近所様だったらなおさらのこと。あなたが苦手な人や、子どもがどうにもトラブルになってしまうような子がいるなら避けましょう。公園を変えるとか、時間帯を考えるとか。そのうち「もう少し、様子を見ませんか？」と言ってくれる親とも出会えるでしょう。

ただひとつ心がけてほしいのは、子どもに頭ごなしに「ダメ！」と言ったときは、「でも、〇〇したかったよね～」と子どもの気持ちに寄り添った言葉をかけてあ

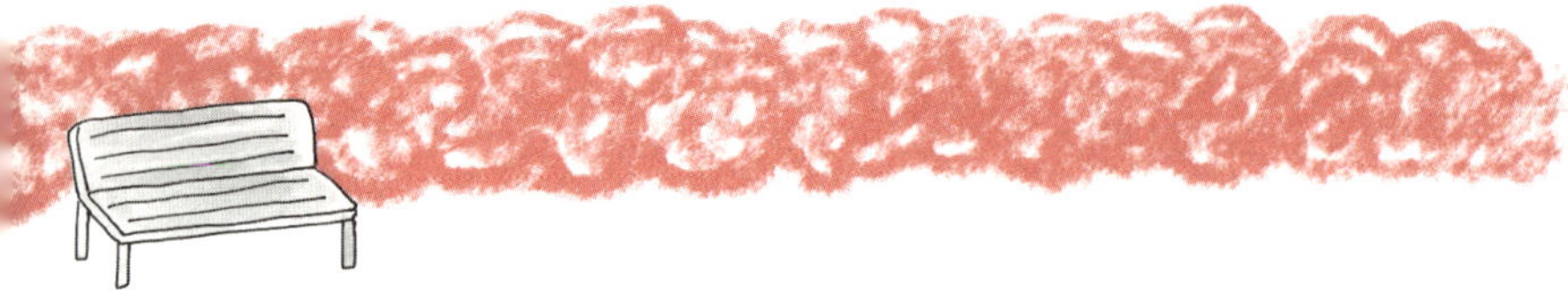

げること。大好きなママに頭ごなしに否定されたら、子どもは悲しくなります。相手の親がいる前で言いづらかったら、家に帰ってからでもいいのです。「さっきはごめんね」とひと言。子どもは「ママは、わかってくれている。僕の味方」と安心感を覚えます。

2〜3歳になりイヤイヤ期が始まると、子どもも手強くなります。子ども自身が「ママと私は違う人。私を尊重してよね！」と反撃してきます。そうなったら頭ごなしの「ダメ！」は効果がないばかりか、関係まで悪くなります。

子どもが生まれると、好き嫌いに関係なく、親同士は付き合っていかなくてはいけません。これも試練だと思います。でも一緒にいて、過度に気を遣う相手は避けましょう。ママ友は少なくたっていいのです。愚痴や本音が言える人が、ひとりいれば十分！　子育てはまだまだ長いので、ゆっくりと気の合うママ友を見つけてくださいね。

お悩み5

ワンオペ育児で子どもにテレビをずっと見せています。気にはなるのですが…

夫は仕事で忙しく、ほとんど私ひとりで子育てをしています。子どもはもうすぐ1歳5か月ですが、歩き始めて目が離せないので、ケージに入れてテレビばかり見せてしまいます。見せているのは、子ども番組の録画です。テレビが終わるとケージから出たがるので、家事が終わるまではずっと見せている状態です。私も「こんなにテレビを見せていいのかな?」と悩んでいるのですが、テレビを見せていないと何もできません。家事が落ち着くと、おもちゃなどで遊ぶこともあるのですが間がもたず、子どもとの遊び方に悩みます。

現実問題を考えると仕方ない面も。テレビに頼ってもいいけれど、それ以外の時間も大切にすればいいのです

子どものテレビの視聴時間は、専門家の間でも色々意見がありますが「長時間の見せっぱなしはいけない」という声は多く聞かれます。

見せたほうがいいと言う専門家は、まずいないでしょう。視覚的な映像は無条件に惹きつけられます。小さい子にしてみると飲み込まれるように入り込んでしまい、我を忘れた状態とも言えるでしょう。

だから、静かにしていてくれます。現実問題を考えるとテレビを見せることは仕方がない面もあると思います。家庭で子どもの安全に目を配りながら、家事を

したりするのは難しいです。お母さんだって、いくつも目があるわけではありません。

まず、子どもが小さいうちは家事を省くことも工夫しましょう。夫にも説明して、協力してもらいましょう。テレビに頼ってもいいけれど、それ以外の時間を大切にすればいいのです。

絵本を見たり、積み木をしたり、子どもが親と一緒の時間を楽しめるとコミュニケーション能力もつきます。1歳5か月になると、行動範囲も広がっていろんなことに興味を示します。ケージにずっと入れておくのは無理です。お母さんは「おもちゃなどで遊んでも間がもたない」と言いますが、子どもの好きにさせてみてください。遊んであげようと思わなくていいです。

1歳だと紙を破ったり、梱包材のプチプチ（緩衝材）をつぶしたり、穴に指を突っ込んだりします。指先が動くようになったのがうれしいのです。やがて、ティッシュペーパーをひっぱり出すのにはまったり、物を投げたりもするでしょう。

子どもは身体的機能が発達する道筋に合う遊びに夢中になるのです。それはおもちゃとは限りません。周囲にある物を自ら遊びに取り込んでいきます。

まず、子どもを眺めてください。子どもが求めているものが見えてくると、ペットボトルにお米を入れて振ると音が楽しめるなどのおもちゃを、あなたが考えつくかもしれません。ただし、コンセントに指や物を突っ込むなんてことも起こりかねませんから、安全対策はしてくださいね。

お悩み6

子育てが向いていない私。自己肯定感を育む育児なんてできません！

3歳の息子がいます。育児書などを見ると「子どもの自己肯定感を育む」といった言葉をよく目にします。しかし息子の自己肯定感を育てる以前に、私は、自分の性格が嫌で仕方ありません。子育てに向いていない性格とも思います。出産を機に、何事においても自分がなくなったように感じます。息子は好奇心旺盛で、友達とおもちゃの取り合いなどのトラブルを起こすことも多く、ケガをしないようにいつも見守ってきましたが、そんな子育てに疲れています。こんな母親では、自己肯定感なんて育たないのでは!?　と心配です。

ほとんどのお母さんが同じ悩みを持っています。自己肯定感なんていう言葉に縛られないで！

自己肯定感とは、自分を否定せずに「ありのままの自分でいい」と自分を認めて、受け入れることです。

実は、ほとんどのお母さんは自分自身に肯定感がないから、子どもだけは自己肯定感を持ってほしいと悩んでいます。でも、2〜3歳児の子どもは肯定感が100％を超えているくらい自分中心です。イヤイヤ期と言われる年齢ですが、自分が大事と叫んでいるようなものです。「まったく！」とあきらめながら、見守っていれば、心身健康に育っていくでしょう。子どもは、大人が思う以上にたくましいです。現にお宅のお子さん好奇心旺盛で元気なんでしょう？ そうはいっても、元気すぎて叱ることも多いでしょうし、あなたひとりでは大変です。夫や園の先生、友達など、色々な人の助けを借りていきましょう。周囲に迷惑をかけてはいけないという縛りをほどいてください。迷惑をかけていい周囲の人達とつながってください。ひとりで悶々と悩んでいると、ますます滅入っていくだけです。「あなた、すごく頑張っているよ。ちゃんとご飯を食べさせて世話をしているんだからいいじゃない」「しんどいのは今だけ。子どもが大きくなったら、あなたの気持ちも変わるから」なんて言われると、ふっと心がラクになって、ぐんと変わっていくお母さんはすごく多いです。

相談内容を拝見すると「自分は、子育てに向いていない性格だと思う」とも書かれていますが、誰しも子育てをしていくうちに親になっていくのです。どんなお母さんでも子育てに行き詰まったり、投げ出したくなったり、「かわいくない！」と思うのは、よくあることです。子どもに食べ物を与え、暖かく眠れる寝床を用意してさえいれば、子どもは命をつないで成長していきます。子育ての基本って、ただそれだけなんですよ。

お母さん、少し疲れているのだと思います。自分の手には負えないぐらい活発な子を授かってヘトヘトなのに、それを本音で吐き出せる人がいないのではないかしら。

とにかく今は、お母さんが元気になるのが最優先です！ 少し子どもと離れる時間があるとリフレッシュできると思います。一時保育を利用したり、託児付きの子育て講座などに参加してはどうかしら。夫に預けるのもいいですよね。

元気な子は自分で育つたくましい力を持っていますから、お母さんが神経質になって育てなくても大丈夫！ また、どんなに活発な子も、4〜5歳ぐらいになると少し落ち着いてきます。もう少しの辛抱です。

お悩み7

マイペースな3歳&5歳の娘にイライラ。夫にも非難されてしまい…

3歳と5歳の娘達を見ているとイライラが止まりません。2人とものんびりタイプで、毎日、朝食を食べるのに1時間もかかります。幼稚園の支度もダラダラしていて、朝食を食べて、支度が終わるまでに1時間半かかります。

5歳の娘はピアノを習っていて、本当は幼稚園に行く前に練習をしたいのですが時間がありません。本人が「やりたい」と言うので習い始めたのに！

そんな娘達を見ていると、つい朝からガミガミ怒鳴ってしまい、娘を傷つけるような暴言も吐いてしまいます。先日、夫に「お前に育てられると、娘達の性格

がゆがみそうだな」と言われました。正直、夫の気持ちもわかります。私はそのぐらい毎日、ガミガミ、ネチネチ文句を言っています。娘達は、冷静に見ると決して悪い子ではありません。でも私は、怒りがおさまりません。

習い事は、自分で覚悟ができるときが来るまでスッパリあきらめて。子どもは変われません。まず、夫に変わってもらいましょう

朝食に1時間！　焦ることを知らない子ども達ですね。その間あなたはイライラ、カッカ。毎日ですものね。嫌になりますね。ところで、そののんびりはいったい誰に似たんでしょう？　夫ですか？　ひょっとしてあなたが子どもの頃はのんびりだった？

毎日、言い続けても変わらないなら、とりあえずあきらめるか工夫するしかないですね。朝食の量を減らす、ひと口大で入る食材にする、見ているとイライラするからその場にいない。その場は夫に任せるのはいかがでしょう？　時間切れをタイマーでセットするのもいいでしょう。

習い事も自分でやりたいって言ったくせに、練習しないのも子どもの常。練習が日々続くなんて覚悟はしないで、簡単に言ったんです。やりたかったのは事実だけど、継続して努力する力はまだなかったのです。そのことを予測して、自分で覚悟して「やりたい」と言えるのは小学校4年生以上だと思いますよ。娘さん達は、まだ、発展途上の未発達な幼児なんです。

子どももあなたも負担なら、ここはいっそのこと辞めてしまいましょう。時期が来てから再開といきませんか？

肝心な夫には、あなたのイライラを受け止めてほしいですよね。「だいぶ行き詰まっているな…」と察して、子育ての協力するとか、あなたを労《いたわ》るとかしてほしいものです。子どもは変われないから、夫を変えるべく頑張りましょう。イライラはあなたにとっていいとは言えません。少しわがままになって、夫に任せてあなたの休日を作るとか、子どもから目を離すとか自分を大事にしてください。「娘たちは、冷静に見ると決して悪い子ではありません」とおっしゃっているのですから、あなたはいいお母さんです！

お悩み8

我が家で遊びたいと泣く娘の友達。どうしたら気まずくなく断れますか？

2歳半の娘は、近所に住む同じ年の女の子・Aちゃんと仲良しです。ママもいい人なので、お互いの家をよく行き来していたのですが、公園からの帰り道、Aちゃんが「〇〇ちゃん（うちの子）の家に寄りたい」と言って、いつも泣くようになってしまいました。断ると、ひどいときは30分以上も泣き続けるそうです。Aちゃんのママが妊娠中のため、負担にならないようにと思って、都合がいいときは家に招いていたのですが、最近、私も家で遊ぶことに疲れてしまって…。

泣いても、理由をつけて断る勇気を持って！

Aちゃんが泣くというパターンを崩すには、泣いても断ることです。

「今日は用事があるから」とか「お掃除するから」など理由はなんでもいいです。はっきり断って、家で遊べないことを知らせましょう。Aちゃんのママも心細くてあなたを頼りにしてしまうのでしょう。けれど、それを引き受ける覚悟がなく、あなたが負担になるなら「ごめん！ ダメなの」と言える勇気を持って！

負担を感じながらやることは、思いやりでもなんでもありません。いい人と思われるためにガマンして、自分で自分の首を絞めてしまいかねません。それよりもお互いに本音が言える関係にしていきましょう。少し勇気がいるかもしれませんが「今日は、ちょっと疲れているから誘えないの。今度ね」と言ってみて。相手は怒ったりしないと思います。勇気を出してイエス・ノーをはっきりと！

お悩み9

下の子が生まれてから、上の子の態度にイライラ！家事、育児がこなせなくて…

下の子（7か月）が生まれてから、上の息子（2歳10か月）に構ってあげられず親子で気持ちが通わなくなった気がします。上の子はすっかりパパっ子になり、私の言うことを全然聞きません。頑固で口が達者だから、余計に腹が立ちます！

何よりイヤなのが、下の子への攻撃です。下の子が何もしていないのに叩いたり、乗ったり、押したり…。危なくて目が離せません。上の子に理由を聞くと「〇〇（下の子）のこと好きじゃない！　怖い！」と言うので、悲しくなります。私の愛情不足が原因でしょうか。私が怒っても絶対謝らず、謝っても口先だけで鼻で笑うので、つい叩いてしまうこともあります。「暴力はダメ！」とわかっているのですが…。

下の子が生まれると、育児書などには「上の子を優先して！」とよく書かれていますが、うまくできずに自分を責めるばかりです。本当は、上の子を優先したいけれど、下の子のお世話などに追われて遊んであげるどころか、家事もおろそかになり、公園に連れて行くことも思うようにできません。2人の子を育てることの大変さを痛感し、子育てや家事をこなせていない現実に愕然としています。

上の子が、下の子を叩いたりするのは、どう扱っていいのかわからないから。子どもを否定せず、行動にストップをかける言い方をしてみて

7か月と2歳10か月のお子さんがいるのですから、それは大変！　2人を食べさせているだけで上出来です。子育ては、2人のときが一番大変とも聞きます。と言うのは、子どもが3人になると、お母さんの両手でだけでは手をつなげなくなるので、子どもは自然と手放すことができるようになるんですって。

あなたは、家事ができないこと、上の子に優しくできないことなどの責任をすべてひとりで背負い込んでいます。どれもこれもできることではないので、あきらめることが肝心！

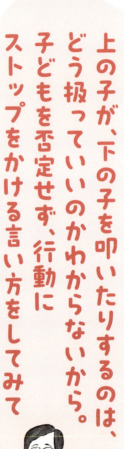

上のお子さんにしてみたら、下に生まれてママがそっちばかりに手をかけている。そのことでガマンもしていますが、パパを頼っているのですからよかったじゃないですか！　気持ちが通わなくても、言うこと聞かなくても、とりあえず今はパパありがとうと思って、夫に任せましょうよ。きっとあなたにゆとりができてきた頃に、甘えてくるようになります。家事は、手抜きをしても命に関わりません。離乳食だって、みそ汁の具をつぶしたものでいいのです。極端に言えば、元気に生きていればいいのです！

上の子といったってまだ2歳。下の子を叩いたりするのは、どう扱っていいのかわからないからです。「これはなにもの？」って、いじって試してみているのです。やりすぎて危なかったら「壊れちゃうからダメ」「それはやりすぎ！」と子ども自身を否定しない、行動にストップをかける言い方をしましょう。やがて下の子と遊べるようになったら仲良くなるので、今からきょうだい仲良くなんて気にしなくていいです。

周りの意見や見本のような育児書に惑わされずに！　必死で頑張っているあなたはすごいです。もうちょっとで、一息つけるときがやってきますよ。

お悩み10

5歳の娘がお店の物を盗ってしまいショック。それも初めてではないようで…

先日、娘と買い物に行き、娘と少し離れて商品を見ていました。娘が何度か来て「〇〇買って」「今日は、ダメだよ」というやりとりをしました。

お店を出てから、見たことのないメモ帳を持っていることに気づき、「どうしたの？」と聞くと「〇〇ちゃんにもらった」と言うのです。しかし娘のバッグには、値札のついた空袋が！　問いただすと「さっきのお店から…」と言い出しました。

私は泣きながら叱りました。娘も号泣して「もう絶対にしません。一緒に謝りに行ってくれる？」と言うので、すぐにお店に謝罪に行きました。店員さんの視線が痛かったです。娘も怖かったと思います。改めて娘の持ち物を見直してみると、見たことのないシールが数枚あり、聞くとやはりお店の名前を言いました。娘は明るくて優しい子なのですが、繰り返すようにならないか心配です。

理屈で理解できないことは、親の態度でブレーキを。しっかり叱ることです

お母さんは驚くやら、悲しいやらでしょうね。
でも私は「やってくれましたね！」と思います。なぜかと言うと、保育の仕事を50年以上していますが、年長児に必ずと言っていいほど起こることなのです。年長児になると、一応、いいこと・悪いことの区別はつき始めます。しかし、物欲が強くなる5歳では、物がお金で売り買いされていることは知っていても、それがまだ完全に理解できないのです。そのため、親がとことん叱ることが大事なのです。
この時期、理屈で理解できないことは、親の態度でブレーキをかけるようにしていく必要があります。親が本気で叱ることで、これから生きていくうえでの善

悪の判断に役立ちます。

先のことは心配しないで、今、見張って、しっかり叱ってください。年長児で盗みをやった子で、その後も、盗み続けた子はいません。みんな、そのときの親の涙や表情が焼き付いているようですよ。

以前、小学校の高学年を対象に話をしたとき「どうして人を殺したらいけないの?」と尋ねたら、大半の男の子が「だって、母さんが泣くもん」と答えたんです。これにはびっくりしました。もちろん犯罪であることは理解していますが、5〜6年生になってもまだ、理屈ではなかったんです。幼い頃、自分が悪さをしたときに見た、お母さんの怒った顔や悲しんだ顔が、子どもの行動のストッパーになるのです。

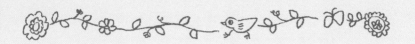

お悩み11

夫の不貞から父親なしの暮らしに。3人の子どもがきちんと育つのか弱気になってしまいます

2年前に子どもの前で不貞宣言した夫。家庭内別居ののち、現在は家に帰らないため、ほぼ母子4人（娘と息子2人）で暮らしています。経済的な理由から離婚は先延ばしです。下の息子達は小2の双子。ひとりでもできる限りの愛情を注ぎ育てていますが、男親のいない息子達に寂しい思いをさせているのではないかと、ふと不安になることがあります。気持ちの落としどころをどうしたらいいでしょうか。

親がひとりであろうと2人であろうと、子どもは落ち着く居場所があれば十分です

まず、確認です。子ども達は現状がイヤだと言っているのでしょうか？　パパとママに仲良くしてほしいとか、寂しいと訴えていますか？

ＳＯＳのサインが出ているならともかく、そうでないなら、それほど気にする必要はありません。

子どもは今の状態を受け入れているのでしょう。いえ、受け入れざるを得ないのが子どもです。

「子どもはきっとつらいはず」と、勝手に不安になってもいいことはありません。今は子どものことより、ご自分の心配をしましょう。

あなた自身の気持ちはどうですか？　自分の気持ちに向き合ってください。夫

に心が残っているなら、そして、修復可能なら努力してみたらいかがですか？　それは無理だけれど、でも離婚することで経済的に自立できないなら、その現実をあなたがきちんと受け止める覚悟を持ちましょう。

夫に対する自分の気持ちは、子どもにかぶせないこと。そして、子どもの気持ちも勝手にあなたがかぶらない。夫に対して嫌な気持ちがあっても、子どもが夫を憎むようなことはしむけない。だって、子どもにとってはたったひとりのお父さんですものね。憎むような人の子どもだなんて悲しいでしょう？　母親はどうしても我が子と密着しているから、自分の感情を子どもにぶつけがちです。母親は子どもに話せば、すっきりするかもしれないけれど、受け止めきれないで胸にしまっていることも多いのです。

家庭不和ではないけれど、父親が単身赴任で、母親がなんでも子どもに相談していた家庭があり、そのうち子どもが自律神経失調症になってしまった例があります。いつの間にか子どもに頼りすぎていたのでしょう。

子どもにとっても、あなたにとっても、利害関係のない第三者や頼りになってくれる人が近くで見守っていてくれるとベストです。

夫婦関係ってなんとも不思議です。時間がたてば状況が変わり、今の夫婦の関係も変わってくるかもしれません。年をとって気が弱くなったら、元のさやに収まったとか、離婚して夫婦じゃなくなったら、なぜか仲良くなったという話も聞きます。夫婦の数だけ形があるから、人生どうなるか、どれが正解か、先はどうなるか誰にもわかりません。

ここはシンプルに考えてみてはどうですか？　イヤなら夫とは別れる、それができないなら、文句は言わずガス抜きしながら、経済的な自立を目指してすっきりできる日を夢みて頑張る！

今大切なのは、家が学校から帰ってきた子ども達の心が落ち着く場所になっていることです。親がひとりであろうと2人であろうと、落ち着く家（居場所）があれば十分です。子どもの生きる力はたいしたものですよ。

お悩み12

厳しく育てすぎたら娘の心が不安定に…。今からでも、子育てはやり直せますか？

4歳の長女にはつい理想を求めて、小さい頃から厳しくしつけてきました。下の子が生まれてからは、長女にますます「○○しちゃダメ！」と怒ることが増えました。そのせいか最近、おもちゃやハンカチなどを口に入れるように…。寝言も、つらそうなことを言ったり、大声で怒ったりしています。以前より、かんしゃくも増えました。また私がいないと、友達の家で汚い言葉を使ったり、友達を叩いたりするそうです。「厳しく育てすぎたかも…」と思うのですが、今からでも子育てはやり直せますか？

心配しないで大丈夫！子育てのやり直しは、気づいたときが始めどきです

初めての子育ては手探り状態、みんなそうです。ですから、気づいたときが始めどき。手遅れなんてことはないから、心配しないで大丈夫！

お母さんは今まで一生懸命、娘さんと接してきたと思います。これまでのことは水に流して、今日から娘さんと新しい関係を築いてください。もし子どもが悪さをしたら、私が謝ればいいぐらいに考えて、ラクな気持ちで関わりましょう。下の子もいて忙しいでしょうが、夜、眠るときはぎゅっと抱っこして「おやすみ」と言ったり、5分でもいいので娘さんと2人で過ごす時間を作ったりするだけでも、子どもの心は安定していきます。

娘さんがハンカチなどを口に入れたり、つらそうな寝言を言ったり、友達を叩いたりするのは、お母さんが厳しく育てたせいだけではないと思います。
4歳になると、どんな子も、友達関係や園でのこと、下の子が生まれたことなど、色々なことに悩んだり、ストレスを抱えたりします。お母さんの前では使わない言動をしたり、みんな家の中と外の顔を使い分けていきます。これは一つの成長の証です。こうした経験を通して、子どもはたくましく育っていきます。

「私の育て方が悪かった」なんて、自分を責めないでくださいね。ちゃんと子ども自身が育っていくのですから。

本音で話すことが、自分を見つめることになります

「りんごの木」では、大きい組（4歳と5歳）になると毎日「ミーティング」があります。みんなで丸くなって話す時間です。テーマはそのときどきで違います。今朝は何を食べてきたかなど、井戸端会議的内容のときもありますし、運動会の種目を決めたり、大人が疑問を投げかけたり、子ども自身が困ったことを提案するなど多種多様です。

回数を重ねていくうちに、子ども達は本音で話すことが自然になっていきます。自分のことを知ってほしい、ほかの人のことを知りたいと思うようになります。そして、ミーティングで言ったことは後腐れがなく、お互いの気持ちを分かり合える経験を重ねていくことで、どんどん活発になります。一緒に考え合うことで、思考の幅も広がります。幼い子ども時代に、ありのままのお互いを尊重できる関係を体験してほしいと、創設まもない頃から始めました。

親達にもそんな関係を作ってほしいと、月に1回、保育の時間内で「お話し会」

と称した集まりをしてきました。お弁当持参で担当の保育者と私でじっくり話します。内容は子どものことから、自分のこと、社会のことなど、こちらも多種多様です。自分で考え、判断し、行動する、という「りんごの木」が考える保育と同じことを、親自身にも実感してほしいという願いもありました。個々の考えを大事にしたいので、組織として何かを取り決めする「保護者会」はありません。

　コロナ禍になって「マスク問題」が浮上したとき、保育者全員で話し合いをした結果、十分な酸素を吸入することが重要だという判断で、子どもにはマスクを強要しないことに決めました。もちろん、親がさせたいときはそれを認めました。人数を減らした小集団にし、屋外を活用したり、「はたけ」と呼んでいる野原の広場を利用する時間を多くして、密になる状況を避けた工夫をすることにしました。このとき、親達も当然「マスクする派」「しない派」に分かれていました。それぞれの立場でじっくりと話し合いをして、それぞれの考え方を尊重しながら、自身に折り合いをつける形になっていました。

　が、ある日、ひとりのお父さんから「お話し会」へのクレームが入りました。飛沫感染への危惧を切々とつづり、マスクをしないでの参加を認めていることへの非難を訴える長文メールが届いたのです。冷静な文体でしたが、強い抗議を感じさせるものでした。

プロのサッカーリーグの仕事をされている方でした。テレビでは連日、感染者数の報告があり、「密を避ける行動を」が合い言葉になっていた頃です。

私は今に至った経緯を丁寧に説明したうえでこう伝えました。

「私は個々が違いを認め合って、バランスを取るのがいい集団と考えている。個の集まりが『りんごの木』です。個々が自分に向き合い、判断し、行動するというのが保育の指針でもあり、親達に対しても同じに思っています。なので、親達には、自分も周りのことも踏まえたうえで自分の命を守る行動をしてほしいと思っています」

しかし、そのお父さんは、ＰＣＲ検査を何度もしなければならないような日々を送られていたそうで、すんなりと理解をいただくのが難しく、仕事が終わってから夜のメールのやりとりが続きました。

考えの違う人が同席するという事態をどうするか。そのお父さんの心配はとてもよくわかりました。でも「りんごの木」としては、両方の考えと判断を尊重していきたいのです。「りんごの木」を選んでもらっている以上、保育を否定をされることにもつながることで、ちょっとやそっとで折れるわけにはいきません。だから必死でした。そうしてやりとりを重ねるうちに、だんだん、お互いの意見を尊重するモードになってきました。

「少数派を否定する考えは、マスクをしない人を否定するのと同じ。それは、少数派の保育を貫いている『りんごの木』は不要だということと同じになりませんか？」

やりとりを始めて10日目。こう書いて送った翌日に来た返信は、こうありました。

「厳密に管理をしてもクラスターは出るという現実も身近で起こっています。サッカーチームを管理するという世界にいて、自己判断はできないというシステムの中で仕事をしているから柔軟な考え方ができなかったことに気がつきました。明日から海外に遠征です。子どもをよろしくお願いします」

うれしかったですねえ。言いたいことを根こそぎ言った後に、受け止めてもらった爽やかさ。このお父さんとはその後もいい関係性が続いています。私はサッカーに興味がなかったけど、ちょっと観てみたいという気持ちになり、チームを応援さえするようになっていました。

本音を話せる関係が子育てを通して作れたら、それは一生の宝

コロナ禍以降、人との物理的な距離を取ることを強いられていたこともあって、コミュニケーション不足で人間関係が薄くなってきた気がしませんか？

自分を守ることに必死で、壁を作り狭い世界の中で安心を求めてしまう。本音を出し合う本当のコミュニケーションが以前にも増して減っていると思うのです。人と話すことで自分の意見が固まるし、今回のように自分の意見を否定されたことで、自分を見つめ、自分の考え方や生き方を認識していくことにもなります。

空気を読んで、周囲に気遣いした人間関係は無難でしょうが、何も育っていきません。子どもを介して偶然会った者同士で、コミュニケーションを重ねて、本音を話せる関係、尊重し合える関係を作れたら素敵です。子育てをしていくと、これから先もいろんなことが起こるでしょう、そんなときに支え合う関係の仲間を持っていることは一生の宝です。

おわりに

親のほとんどの方は心配性です。

50年以上の保育者生活になりますが、親達が悩んでいなかったことはないです。特に第一子を産んで親になったばかりの方は常に心配性です。心配は心配を生み、心配の雪だるまになっていきます。そうなると子どもを楽しむ余裕なんてありません。

「心配は心配なことが起きてからにしませんか？」と、言い続けてきましたが、全然効果がありません。それはそうでしょう。今までに経験したことがないことが始まり、子どもは意味不明な行動をするし、ほかの子が気になるし、育てる責任を背負っているのですから。そこで私も、親は誰しも心配性なんだと受け止めることにしました。

子どもの心配で、同じ心配が何年も続くことはあまりなく、次の心配が始まると、前の心配はなかったように忘れている方が多いようです。移行していくのは、子どもが育って変化していくからです。「子どもは大きくなっていくから大丈夫！」と、覚悟できる人はほんの少しです。

心配の雪だるまにならないために、悩んだら誰かに話しましょう。共感してくれる人がいるとちょっとホッとします。悩みを文章にすることも気持ちの整理がつきます。それらを繰り返したらいいと思います。

乳幼児期の心配は、時代によって変わることはあまりありません。どんなに時代が進んでも、子どもの生まれ方や乳幼児の育ち方はあまり変わらないからです。子どもの成長発達は、一段ぬかしで階段を駆け上るようなことはありません。この頃多い悩みの種は、専門家の言う通りにいかないことや、育ちの早いことや遅いこと。

外遊びに連れ出す頃から、悩みはほかの子との比較や親同士のコミュニケーションについてが多くなります。ここでしつけの問題も出てきます。「大人の価値観」と「子どもの思い」はまったくと言っていいほど違います。ところが、どうしても大人にとって都合のいい子のほうが、親としては「いい子育てをしている」気になってしまうようです。

やがて集団生活に入ると、先生の言うことを聞けるか、座っていられるかなど、「みんなと同じ」という安心の基準から外れてしまうことでの悩みが多くなる気がします。

こんなふうに親の悩みを追っていくと、子どもと共に親の世界が広がっていくのを感じます。子どもだけではなく親も確実に育っているのです。そして、いつか悟るのです。子どもは思うようには育たないと。そして、今度は思春期の悩みが始まるのでしょう。

本当にご苦労様です。でも、心配をよそに子どもはその子らしく育っていきます。同時にあなたもあなたらしく、人として育っているのです。

この本が、あなたにとって「ちょっと深呼吸!」のお役に立てれば幸いです。

柴田愛子

柴田愛子（しばたあいこ）

「りんごの木」代表・保育者
1948年東京生まれ。私立幼稚園に５年間勤務し、多様な教育方法に迷って退職。会社勤めを経験するも、子どもの魅力から離れられず、別の私立幼稚園に５年間勤務。1982年、３人の仲間と「子どもの心に添う」を基本姿勢とした「りんごの木」を発足。保育の傍ら、講演、執筆、絵本作りと様々な子どもの分野で活躍中。テレビ、ラジオなどのメディアにも出演。子どもたちが生み出す様々なドラマを大人に伝えながら、“子どもと大人の気持ちのいい関係づくり”を目指している。主な著書に、『こどもたちのミーティング』（りんごの木）、『とことんあそんででっかく育て』（世界文化社）、絵本『けんかの気持ち』（ポプラ社　絵/伊藤秀男　日本絵本大賞受賞）、『あなたが自分らしく生きれば、子どもは幸せに育ちます』（小学館）、『それってホントに子どものため？』（チャイルド本社）など多数。

保育歴50年！
愛子さんの子育てお悩み相談室
自分らしい子育てのすすめ

2024年10月14日　初版第1刷発行

著者　柴田愛子

デザイン　中山詳子
構成・編集　半澤敦子
イラスト　海谷泰海

編集　熊谷ユリ
販売　岸本信也
制作　木戸 礼
資材　遠山礼子
宣伝　内山雄太

発行人　北川吉隆
発行所　株式会社小学館
〒101-8001東京都千代田区一ツ橋2-3-1
編集　03-3230-9726
販売　03-5281-3555
印刷所　大日本印刷株式会社
製本所　株式会社若林製本工場

Printed in Japan
ISBN 978-4-09-311434-9

造本には十分注意しておりますが、印刷、製本など製造上の不備がございましたら
「制作局コールセンター」（フリーダイヤル0120-336-340）にご連絡ください。
（電話受付は、土・日・祝休日を除く 9:30～17:30）

＊本書は、小学館の子育てサイト「Hugkum（はぐくむ）」の掲載記事を基に、
編集・構成をしました。